영광 염산교회 77인의 순교와 그 영향

우리는 천국 간다

| 김태균 지음 |

쿰란출판사

추천사

77인의 순교신앙이 살아 역사하는 염산교회는 저의 고향교회입니다.

1950년 10월 27일 염산교회 김방호 목사님과 그 일가족이 공산당원에게 맞아 죽어가는 모습을 담장 너머 돌담 사이로 목격하고 저는 일생일대의 말할 수 없는 큰 충격을 받았습니다. 살기등등한 공산당원으로부터 아버지를 때려 죽이면 살려준다는 말을 듣고 목사님의 아들이자 저의 동갑내기 친구인 현이는 공산당원을 똑바로 쳐다보면서 "하나님, 저 아저씨를 불쌍히 여겨주세요. 우리 아버지는 훌륭합니다. 훌륭한 아버지를 주셔서 감사합니다!"라고 기도했고, 그 자리에서 목사님과 일가족은 몽둥이 찜질로 피를 토해 죽어가면서도 찬송을 불렀습니다.

차마 눈을 뜨고 볼 수 없는 처절한 살육의 현장이었지만 한편 거룩한 순교의 제물이 되어 죽어간 현장이 아닐 수 없었습니다. 그 자리에서 저는 우리 아버지가 목사님이 아닌 것이 감사했고 절대로 목사가 되지 않기로 다짐했었습니다.

77명의 순교자를 배출하고 상처와 통곡 소리가 가득한 교회에 극적으로 죽음을 모면한 김방호 목사님의 둘째 아들 김익 전도사가 부임해 왔습니다. 당시 염산교회는 3분의 2의 교인들이 순교의 제물로 희생된 터라 존폐의 위기 속에 놓였지만 김익 전도사는 우선

사태를 수습하고 용서와 화해의 목회이념으로 교인들을 하나 되게 하고자 많은 애를 썼습니다. 그러한 중에 호남지방 농어촌을 다니며 전도하던 유화례 선교사님이 우리 교회에 오셔서 여름성경학교를 열어주었고, 저는 교사로서 함께 섬기는 기회를 갖게 되었습니다. 이로써 음울하고 비탄에 빠져 있는 염산면 지역과 염산교회에 화합의 바람이 불고 생기가 솟아나는 축복의 한마당이 되었고, 그렇게 교회는 차츰 깊은 상처가 치유되면서 재건과 부흥으로 도약해 나갔습니다.

염산교회는 제 인생에서 결코 잊을 수 없는, 오늘의 저를 있게 한 어머니교회라 할 수 있습니다. 또한 염산교회 77인의 순교자들과 같이 신앙의 절개를 지키기 위해 피를 뿌린 많은 순교자들이 있었기에 오늘날 한국교회가 있게 되었음을 간과할 수 없습니다. 그런 의미에서 현재 염산교회를 섬기고 있는 김태균 복사님은 이 책을 통하여 순교자들의 뜻을 기리고 그들의 순교의 영향을 많은 사람들에게 알려 순교자의 후손으로서의 정체성을 갖고 순교신앙으로 무장해 갈 것을 외치고 있습니다.

예수님은 말세 때 "과연 믿음 있는 자를 볼 수 있겠느냐"라고 말씀하셨습니다. 이 마지막 시대에 한국교회는 종이호랑이와 같이 복음의 영향력을 상실하고 빛과 소금의 역할을 감당하지 못하는 안타까운 현실에 놓여 있습니다. 회개와 갱신과 변화의 새 바람이 불어

추천사

야 합니다. 적당히 세상과 타협하며 뜨겁지도 차갑지도 않은 미지근한 신앙을 버리고 '오직 예수로 살고 죽겠다'는 순교자의 영성을 회복해야 합니다. 그런 의미에서 이 책은 너무도 예수 믿기 편한 시대에 안락한 신앙생활을 하고 있는 현대 크리스천들에게 참신앙이 무엇인지 돌아보고 회개케 하며, 순교를 각오한 신앙의 절개만이 세상을 이기고 선한 영향력을 끼치는 그리스도의 제자로서의 삶을 살게 됨을 가르치고 있습니다.

  죽은 자는 말이 없으나 그들의 순교신앙은 오늘날 우리에게 끊임없는 피의 외침으로 우리의 나태한 신앙을 일깨우고 참 그리스도인으로 살도록 큰 도전을 주기에 이 책을 기쁨으로 추천하는 바입니다.

2012년 5월 10일
대한예수교장로회 통합총회 증경총회장
안영로

 우즈베키스탄에서 온 몇 분의 성도님들과 함께 염산교회 순교기념관과 순교 현장을 둘러보고 감격한 일이 있습니다. 자기네들이 우즈베키스탄에서 당하고 있는 핍박과 고난을 인하여 하나님 앞에서 힘들어 한 것이 너무나 부끄럽다고 고백했습니다.

순교기념관을 나오던 시간이 해질 무렵이어서 우즈베키스탄의 성도들이 바다와 저녁놀을 보고 싶어하여 함께 바닷길을 따라 구경하였습니다. 우즈베키스탄 성도들이 환호하고 탄성을 질렀습니다. 염산 앞 바다가 그날 따라 무척 아름다웠고, 수평선 아래로 가라앉는 해는 하나님의 영광을 찬란하게 선포했습니다. 염산교회 순교자들의 신앙이 수평선 아래로 가라앉으면서 황홀한 빛을 발하는 태양처럼 느껴졌습니다.

염산교회에서 1996년부터 16년을 수일같이 성실하게 섬겨 오신 김태균 목사님께서는 부임한 그 다음해부터 곧바로 순교기념사업 추진위원회를 조직하여 10여 년에 걸쳐 순교 공원을 조성하고 순교자료 전시관과 교육관을 마련하였는가 하면 순교탑을 세우고 또 순교체험관도 건축함으로써 한국 기독교 최대 순교 성지를 조성하였습니다. 이로써 서해안고속도로, 호남고속도로, 남해고속도로, 88고속도로 등 편리해진 교통망과 함평 나비축제와 연계된 탐방객들

추천사

이 전국에서 찾아와 순교자들의 신앙을 배울 수 있게 되었습니다.

염산교회가 77명의 순교자들의 순교 신앙의 역사를 교육하고 전하는 것은 한국교회 성도들의 신앙을 갱신한다는 점에서 시대적 사명이 아닐 수 없습니다.

이같은 사명감에서 김 목사님은 개신대학원대학교와 미국 낙스신학교의 목회학 박사 공동학위 과정에서 "염산교회 77인의 순교와 그 끼친 영향"이라는 제목의 논문을 써서 목회학박사 학위를 받으셨습니다. 주변 여러분들의 권유에 따라 김 목사님은 이 논문을 이제 책으로 만들어 출판하게 된 것입니다.

김 목사님의 이 책으로 말미암아 염산교회 77인의 순교자들의 신앙이 영광 염산 앞 바다의 황혼의 황홀한 태양빛처럼 빛나게 될 것이기에 기쁨으로 이 책을 추천합니다. 주님의 영광의 은혜가 염산교회와 77인의 순교자들의 가족과 후손들 위에, 그리고 순교기념관을 찾는 성도님들 위에 충만하게 임하기를 기원합니다.

2012년 5월 10일
개신대학원대학교 총장
나용화

김태균 목사님께서 《우리는 천국 간다》(염산교회 77인의 순교와 그 끼친 영향)라는 제하(題下)의 저서를 출간하게 됨을 진심으로 축하드립니다.

"순교자들의 피는 교회의 씨앗"이라는 교부 터툴리안의 말대로 교회는 순교라는 위대한 신앙의 씨앗 때문에 전 세계에 강력한 생명의 역사를 일으키며 굳건하게 성장할 수 있었습니다. 한국교회가 지금 세계 교회의 중심이 된 이유는 바로 한국교회 초기에 무수한 순교자들이 자기 목숨을 다해 신앙을 지키고 예수님을 위해, 교회를 위해 자기 피를 한 방울도 남김없이 이 땅 위에 뿌렸기 때문입니다.

하지만 지금 이 시대 교회들은 급격히 쇠퇴하는 모습입니다. 이 시대 교회가 지닌 문제들은 여러 가지가 있지만 가장 큰 문제는 바로 생명을 낳는 순교적 신앙을 상실한 데서 비롯됩니다. 순교는 결코 과거의 유물이 아닙니다. 종말이 임박한 이 시대 성도들이 온 몸과 마음으로 붙들어야 할 위대한 신앙의 지주입니다.

필자는 김태균 목사님을 평소 존경해 왔으며 형제와 같이 각별한 사이로 지내왔습니다. 더욱이 그가 목회하는 영광 염산교회는 무려 77명이나 되는, 우리나라에서 가장 많은 순교자를 배출한 너무나도 특별한 교회입니다. 김태균 목사님도 역시 이 순교적 신앙

추천사

을 삶과 사역으로 계승하고 전파하는 순교적 목회자입니다.

　순교 신앙이 절박한 이 시대에, 이 책에는 한국교회 목회자들과 성도들이 십자가를 품듯 가슴 깊이 품어야 할 위대한 신앙의 메시지, 곧 순교의 메시지가 담겨 있다고 확신합니다. 필자 역시 이 책에서 거룩한 순교의 성지 '영광군 염산'에서 목숨을 바쳐 신앙을 지킨 위대한 순교자들을 만날 수 있었고, 의로운 신앙인들의 피의 증거를 접할 수 있었습니다.

　본서에 담긴 생생하고도 진실된 증거를 통해 이름도 빛도 없이 목숨 바쳐 신앙을 지키며, 그 피를 바쳐서라도 주님께 충성한 77인의 거룩한 순교자들을 독자들도 만날 수 있기를 기대하며, 기꺼이 기쁨으로 본서를 추천합니다.

2012년 5월 10일
광신대 교수, (사)흰돌선교센터 원장
이광복

발간사

주후 1950년 10월 7일부터 27일 사이에 일어난 77인의 순교사건의 현장에 세워진 염산교회에 1996년 8월 16일 부임하였습니다. 세 분의 장로님이 계셨는데 모두 각각의 신앙과 배경과 삶의 가치가 달랐습니다. 1950년 6·25 한국전쟁의 상처로 얼룩진 과거사에서 자유롭지 못한 장로님들을 이해하기 위해 그들과 지역과 교회의 과거사를 돌아보지 않을 수 없었습니다.

가끔씩 77인의 순교유적지라고 해서 찾아오는 분들이 있었고, 교인들도 77인의 순교에 대한 자긍심이 있었습니다.

그러던 어느 날 교회 창고에서 누렇게 변한 사진들과 순교에 관련된 자료들을 발견하였습니다. 순간 가슴이 뛰기 시작했고 하나님이 주신 비전이 보이기 시작했습니다.

그래서 77인의 순교유적지의 가치와 비전을 선포하며 염산교회 순교기념사업회를 조직하였고, 신축한 60평의 교육관에 전시관을 개관하고 3,000여 평의 순교공원 조성을 위해 옹벽공사와 자연석 조경공사 등의 순교기념사업을 진행하였습니다.

그런데 사실이 왜곡된 교회 내적 문제로 3년여 세월을 엄청난 시련 가운데 시달려야 했습니다. 나는 교회를 떠날 수밖에 없는 상황으로 몰렸고 순교기념사업은 중단될 수밖에 없는 지경에 이르렀

발간사

습니다.

　그러나 하나님은 모든 것이 합력하여 선을 이루도록 역사하셨습니다. 오히려 사실과 진실이 드러났고 염산교회는 새로운 시작의 출발선에서 한국 기독교 최대 순교유적지와 영광군의 7대 관광명소의 하나로 자리매김을 하면서 전국적인 순교성지화 사업이 활발하게 진행되었습니다.

　온 교우들이 적극적으로 기도와 후원을 하였고, 지역주민과 영광군 기독교협의회, 기독실업인회 등은 물론 영광군청 공무원과 군의회 관계자들이 함께하여 오늘의 순교성지를 이루어 가는 큰 역할을 감당하게 되었습니다.

　따라서 국내외 탐방객들을 섬기면서 요청된 정리된 77인의 순교사를 검증받기 위해서 서울 개신대학원대학교와 미국 낙스신학대학원에서 "염산교회 77인의 순교와 그 끼친 영향"이란 논문으로 목회학 박사학위를 받게 되었습니다. 그러나 책으로 출간을 하지 못하고 있던 중에 탐방 답사를 오신 쿰란출판사 사장 이형규 장로님(서울남노회장)을 만난 계기로 이렇게 출판을 하게 되었습니다. 출판으로 섬겨주신 이형규 장로님과 직원 여러분들에게 감사드립니다.

　그동안 묵묵하게 궂은 일을 감당하며 함께 동역자로 수고하신 최종천 장로님 부부와 말없이 잡다한 일들을 도맡아 동분서주하며 섬겨준 충성스런 백남철, 성강석 안수집사님 부부, 그리고 열다섯

분의 권사님들과 성도님들과 순교유가족 모두에게 이 책을 통해 감사를 드립니다. 여러분의 기도와 격려와 희생이 없었다면 오늘이 있을 수 없었습니다. 그리고 나의 든든한 내조자요 사랑하는 아내 수희와 듬직한 예찬 효녀 예희 멋쟁이 예림이가 있기에 칠전팔기할 수 있었습니다. 또한 순교탐방을 와서 이 책을 구입하신 여러분 모두에게도 감사를 드립니다.

여러분에게는 순교자의 피가 흐르고 있는 순교자의 후손이라는 사실을 기억하시고, 순교신앙으로 무장하여 이 마지막 시대에 승리자가 되시기를 바랍니다.

"나는 또 여러 보좌를 보았는데 거기에는 심판하는 권세를 받은 사람들이 앉아 있었습니다. 그리고 예수님을 증거하고 하나님의 말씀을 전하다가 처형을 당한 순교자들의 영혼과 짐승이나 그의 우상에게 경배하지 않고 이마와 손에 짐승의 표를 받지 않은 사람들도 보았습니다. 그들은 살아나서 그리스도와 함께 천 년 동안 왕이 되어 다스릴 사람들입니다."
(계 20:4)

2012년 5월 10일
염산교회 담임목사
김태균

차례

추천사 _ **안영로** (대한예수교장로회 통합총회 증경총회장, 염산교회 출신) • 2
추천사 _ **나용화** (개신대학원대학교 총장) • 5
추천사 _ **이광복** (광신대 교수, (사)흰돌선교센터 원장) • 7
발간사 _ **김태균** (염산교회 담임목사) • 9

서론 – 염산교회 순교사화가 주는 의미와 교훈을 찾아서 • 19

제1장 염산교회의 설립 배경과 역할 • 25

    1. 설립 배경 • 26
    2. 발전 과정 • 29
    3. 지역사회에서의 역할 • 32

제2장 한국전쟁과 염산교회 순교사건의 배경과 원인 • 37

    1. 순교자 발생의 시대적 배경 • 38
        1) 한국전쟁과 염산면의 상황 • 38
        2) 염산면 기독교인의 학살 양상 • 44
    2. 순교자 발생의 군사적 배경 • 51
    3. 순교자 발생의 사상적 배경 • 53
    4. 순교자 발생의 신앙적 배경 • 55
        1) 순교자 손양원 목사의 대부흥사경회 • 55
        2) 제2대 교역자 원창권 목사의 사임 사건 • 57
    5. 순교자 발생의 시대적 원인 • 59
    6. 순교자 발생의 직접적 원인 • 63
        1) 김방호 목사의 담대한 신앙교육 • 63
        2) 6·29만세 UN군경 환영대회 • 67

제3장 염산교회 77인의 순교자들 • 71

   1. 제3대 교역자 김방호 목사와 순교 • 72
      1) 김방호의 청년시절 • 72
      2) 염산교회에 부임하기 전의 김방호 목사 • 75
      3) 김방호 목사의 순교 • 81
   2. 목포성경고등학생 기삼도 청년의 순교 • 92
   3. 노병재 집사의 3형제 가족의 순교 • 94
   4. 염산교회 설립자 허상 장로 부부의 순교 • 96
   5. '우리는 천국 간다' 는 네 소녀의 순교 • 99
   6. 순교자들의 교회 일지와 명단 • 101
      1) 순교자들의 교회 일지 • 101
      2) 77인의 순교자 명단 • 103

제4장 77인의 순교가 염산교회에 끼친 영향 • 105

   1. 농협 창고에서의 첫 예배 재개 • 106
   2. 김동근 장로, 김형호 집사 부자의 귀환 • 109
   3. 1951년 감격적인 부활절 예배 • 111
   4. 김방호 목사의 아들 김익 전도사 부임과 목회 • 113
      1) 김익 전도사의 부임 • 113
      2) 김익 전도사의 용서와 사랑의 목회 • 115
   5. 광주 수피아여학교 교장 유화례 선교사 특별위안 부흥사경회 • 118
   6. 순교자 첫 합동 추모예배 • 122
   7. 예배당 건축 • 126

차례

제5장 77인의 순교 이후 염산교회가 지역 교계에 끼친 영향 • 129

1. 염산교회 영향으로 세워진 교회들 • 130
   1) 염산 야월교회 복구 • 130
   2) 염산제일교회 분립 • 131
   3) 염산 서광교회 개척 • 132
   4) 염산중앙교회 분립 • 133
   5) 염산동부교회 개척 • 134
   6) 염산 벧엘교회 분립 • 136
   7) 합병된 염산대교회 • 137
2. 지역 복음화를 위해 매진하는 교회 • 138
   1) 교회 설립 70주년 및 순교 기념 행사 • 138

제6장 77인의 순교 이후 염산교회가 지역 사회에 끼친 영향 • 141

1. 염산 지역민 교육을 위한 염산교회 성경구락부 설치 • 142
   1) 초등과정 성경구락부 개설 운영 • 142
   2) 중등과정 성경구락부 개설 운영 • 145
2. 염산 농수산물 젓갈 축제와 연계한 찬양 콘서트 유치 • 146
3. 영광군 7대 관광명소로 지정 – 버스투어 실시 • 148
4. 전국 청소년 기독교 문화, 역사 탐방 프로그램 운영 • 150
5. 순교복지센터 운영 • 152

제7장 77인의 순교가 한국 기독교계에 끼친 영향 • 153

1. 한국 기독교의 순교 유적지 개발을 위한 조직과 활동 • 154
   1) 염산교회 순교기념사업회 조직 • 154

2) 영광군 기독교순교자기념사업추진위원회 조직 • 154
       3) 순교기념사업회 활동사항 • 155
   2. 순교기념사업 추진 내용과 결과 • 157
       1) 순교교육관 건축과 사용 • 157
       2) 순교자료전시관 건축과 사용 • 158
       3) 염산기독교순교체험관 건축과 운영 • 158
       4) 77인 순교기념비 건립 • 160
       5) 기독교인 순교기념탑 건립 • 161
       6) '순교자의 길' 개발과 기념비 제막 • 163
       7) 순교기념공원 조성과 활용 • 165
       8) 순교자 77인의 합장묘 조성과 활용 • 166
       9) 영상물(V-CD) 상영과 소책자 발간 배부 • 167
       10) CTS-TV 및 인터넷 동영상 제작과 방영 • 169
       11) 염산교회 순교 성지순례 탐방 상품 개발과 활용 • 170
       12) 순교 체험 프로그램 개발과 운영 • 171
       13) 순교 53주년 기념식과 영광군 기독교 순교연구소
           개소와 운영 • 172
       14) 수련회와 교육 장소로 전국에 소개 및 활용 • 174

결론 – 염산교회의 순교적 사명 • 181

부록 • 189
       표 • 190
       참고문헌 • 218

【 그림 및 표 】

[그림 1]   1953년 5월 24일 입당한 예배당 • 127
[그림 2]   순교교육관 전경 • 157
[그림 3]   순교체험관 조감도 • 158
[그림 4]   순교체험관 안내도 • 159
[그림 5]   완공된 순교체험관과 복원된 종각의 모습 • 160
[그림 6]   77인 순교기념비 • 160
[그림 7]   기독교인 순교탑 • 161
[그림 8]   순교자의 길 안내도 • 164
[그림 9]   순교자의 길 기념비 • 165
[그림 10] 순교공원 조성 • 166
[그림 11] 77인의 순교자 합장묘지 • 166
[그림 12] 77인의 순교자를 낸 염산교회 • 175
[그림 13] 염산교회 순교자를 기념하는 77인 순교기념비 • 175
[그림 14] 염산 기독교순교체험관 • 176
[그림 15] 수문에 세워진 기독교인 순교탑 • 176
[그림 16] 서해안 최남단 염산교회 순교자 • 177
[그림 17] 전남의 성지 염산교회 • 177
[그림 18] 수문에서의 순교 참상의 현장 • 178
[그림 19] 영광 염산교회 순교성지 • 178
[그림 20] 영광 염산교회 순교자 김방호 목사 • 179
[그림 21] 초대 염산교회 모습(1942년) • 179

[표 1] 1949~1950년 한국전쟁 직전까지 영광지방 전투상황 • 190
[표 2] 염산교회 순교자 명단 • 191
[표 3] 교회 설립 70주년 및 순교 기념 행사 • 194
[표 4] 영광군 / 영광관광 버스투어 일정표 • 198
[표 5] 염산면 홈페이지에서 소개하는 내용 • 199
[표 6] 제1회 청소년 영광 체험 자전거 여행 대회 홍보 협조의 건 • 200
[표 7] 제2회 전국 청소년 기독교 역사 문화 체험 대회 협조의 건 • 203
[표 8] 염산교회순교기념사업회 조직 • 205
[표 9] 영광군 기독교 순교자 기념사업추진위원회 조직 • 206
[표 10] 염산 순교체험학습관 건립 계획서 • 208
[표 11] 염산 기독교 순교체험관 건립 공사 개요 • 212
[표 12] 한국 기독교 성지순례 상품 안내 • 214
[표 13] 순교체험 프로그램 • 216

서론

염산교회 순교사화가 주는 의미와 교훈을 찾아서

염산교회 순교사화가 주는 의미와 교훈을 찾아서

염산교회는 일제 강점기인 1939년 9월 20일(음 8. 8)에 한반도의 서쪽 바닷가에 세워져 복음의 빛을 발하기 시작하면서 전남 영광군과 염산면 지역의 등대 역할을 해 오고 있다. 그 복음의 빛은 이제 새로운 각도에서 세계를 향하고 있다. 그것은 국내외를 초월하여 수많은 기독교 성지순례 탐방객들이 날마다 찾아오고 있기 때문이다.

그동안 묻혀 있던 염산교회의 순교사화가 알려지면서 한국 순교자기념사업회와 문화관광부, 한국관광공사와 롯데관광 등이 버스투어를 하면서 활기를 띠기 시작한 지 10여 년이 흐르고, 최근에는 한국철도관광공사 코레일여행사에서 서울, 대전 등에서 KTX를 타고 성지순례를 하는 프로그램이 본격적으로 상품화되어 출시되면서 크게 활성화되고 있다.

따라서 교회는 1997년부터 순교기념사업추진위원회를 조직하여 순교기념사업을 본격적으로 추진, 2,000여 평의 종교용지를 부지로 마련하고 순교공원으로 조성하였다. 그곳에 순교자료전시관과 순교교육관을 마련하고 옹벽과 조경석 공사 및 진입로 포장 공사와 조경 공사(6억 원)를 마쳤다. 뿐만 아니라 2002년에는 2,000평의 주차장(4억 원)을, 2003년에는 '기독교인 순교탑'(3억 5천만 원)을 영광군의 지원을 받아 완공하였고, 2008년에는 기독교순교체험관을 영광군비 17억 원을 지원받아 건축공사를 시작하여 2009년에 완공하였다. 주변의 약 20만여 평의 자연환경과 조화를 이루면서 한국 기독교 최대 순교성지로서의 면모를 갖추어 가고 있다.

서해안고속도로가 개통된 이후에는 더욱 편리해진 교통과 접근성을 이용하여 많은 탐방객들이 찾아오는데 몇 가지 특징을 열거하면 다음과 같다.

봄과 가을철에는 서울, 경기, 경상도 지방 등과 전국 도시의 교회 기관 단체들이 많이 오며 특히 함평나비축제 행사 때는 축제와 연계된 탐방객이 많다. 또한 여름방학과 겨울방학, 봄방학 때는 중·고·대학생 및 청소년들이 주류를 이루고 있다. 특히 여름방학 때는 수련회 코스로 신청이 쇄도하지만 다 수용할 여건이 되지 않아 안타까운 실정이다.

순교자들의 신앙과 정신을 배우기 위해서 찾아오는 이들에게 정확한 역사적 사실에 입각한, 잘 정리된 기독교 순교사화를 전해주는 것이 우리 교회의 시대적 사명이라고 생각한다. 따라서 그동안 수집한 자료와 내용들이 금번에 개신대학원대학교와 미국 낙스 신학대학원의 고명하신 교수들의 지도와 논증으로 새롭게 잘 정립되어서 한국교회와 세계교회에 크게 이바지할 수 있기를 바란다. 그래서 한국 기독교회사에 공헌할 뿐만 아니라 현실적으로는 여러 관계여로에서 요청해 오는 자료제공의 주교재가 되어야 한다는 데 이 책을 쓴 목적이 있다.

흔히 한국교회는 세계에서 그 유례를 찾아볼 수 없을 정도로 급성장한 교회라고 말한다. 120여 년의 짧은 역사 속에서 경이적인 부흥을 이룬 사실에 대해 세계교회가 놀라고 있고 지금은 한국 기독교를 배우기 위해서 내한하는 사람들이 많아지고 있는 추세이다.

어느 날 외국인 목회자들이 우리 교회를 찾아왔다. 그들은 한국에 와서 한국교회 강단에 서는 것이 최고의 영광이요 기쁨이라고 했다. 그런데 한국 내 도시의 여러 대형 교회들을 탐방하면서 '어떻게 한국교회가 이렇게 놀랍게 성장할 수 있었는가?' 하는 중요한 의문을 갖게 되었는데, 그 해답으로 한국교회에는 곧 순교의 피가 흐르고 있기 때문이라는 말을 했다.

따라서 정확한 한국교회의 순교사화에 대한 정립이 필요하다고 여겨져 왔었다.

오래 전부터 자연스럽게 모아온 자료들을 종합하여 정리하고 염산교회 순교자에 대한 부분이라도 구체화하는 작업을 해야겠다는 생각이 발전되어 오늘 이렇게 한 권의 책으로 출간하게 되었다.

우리는 지난날의 역사적 사건이 오늘을 살아가는 우리 모두에게 어떠한 의미를 가져다주고 있는지 우리의 역사를 고찰하고 이에 대한 우리의 태도를 분명히 갖는 것이 매우 중요한 일이라고 생각한다. 과거가 없는 현재가 존재할 수 없고 오늘의 반성과 노력이 없이 미래가 밝게 빛날 수 없기 때문이다.

이런 의미에서 염산교회 순교사화를 다시금 고찰하고 연구함으로써 오늘날 순교사건이 시사하는 의미와 교훈을 찾아보고자 한다. 역사란 어제의 사건을 오늘 깨닫고, 보다 밝은 미래를 위한 디딤돌로 삼아 오늘을 살기 위한 것이라 하겠다.

지금까지 교회에 보관되어 온 염산교회 관련 문서인 교회 연혁과 일지, 당회록, 제직회록, 공동회의록, 사진첩, 총회 발간 회의록 및 촬요와 관련문서 등의 역사적 자료들을 주교재로 삼았다. 그리고 기독교대백과사전, 일반신문 사실보도와 기독교신문 보도자료, 정부 기록 보관소의 자료와 보고서 및 해당 행정기관 자료와 여러 당사자들의 단편적 증언록과 단행본 등을 부교재로 하였다. 또한 지금까지 생존해 계신 당시의 목격자들의 증언을 직접 듣고, 녹화, 녹취록 등을 수차례 반복하여 청취하여 보조 보강 자료로 삼았다.

   전개 과정은 광의적에서 협의적으로 방향을 잡고, 6·25 한국전쟁과 한국교회 그리고 영광지방으로 조명하였고, 염산교회의 순교사화 전개도 개괄적에서 각론적으로 주요 인물을 조명하였다. 그래서 보다 더 생동감 있는 사실 표현으로 역동적인 순간들을 오래도록 깊이 기억하도록 했으며, 또한 염산교회 순교사건이 끼친 영향을 염산교회와 지역 교계와 지역 사회와 한국 기독교계 등으로 구분하여 체계적이고 단계적으로 집중 조명하여 다루었다.

제1장

염산교회의 설립 배경과 역할

1. 설립 배경
2. 발전 과정
3. 지역사회에서의 역할

1. 설립 배경

현재 전남 영광군 염산면에는 12개의 교회가 설립되어 있다. 염산면은 영광군에서 백수읍과 함께 교회가 가장 많이 들어서 있는 지역이다. 그러나 1950년 6월 25일 한국전쟁 전까지 염산면에는 두 곳의 교회만 존재하였다.[1] 1908년 4월 5일 야월리에 설립된 야월교회와 1939년 9월 20일에 세워진 염산교회이다.

염산면은 전남 영광군의 서남쪽에 위치하고 있으며 3읍 8면 가운데 하나이다. 2010년 현재 염산면의 면적은 64.7㎢이며, 인구는 5,000여 명에 이른다. 염산면 중앙에 해발 267m의 봉덕산이 서 있고, 동쪽으로는 군남면, 북쪽으로는 불갑천 하류를 경계로 백수면, 남쪽으로는 함평군의 손불면, 서쪽으로는 해안지역과 연계되어 있다.

원래 지명은 소금을 굽는 염소가 있다고 해서 염소면이라 했으나, 일제 강점기 행정구역 개편으로 1914년 4월 1일 원산면 26동리, 원산면 일부를 포함하여 염소와 원산 2면의 이름을 따서 염산면이라는 명칭으로 변경, 9개 리로 개편, 관할하게 되었다. 그후 1983년 2월 5일 행정구역 조정에 따라 군남면의 옥실리와 오동리가 염산면으로 편입, 오늘날까지 11개 리로 개편, 관할되고 있다.[2]

염산면의 생업 형태는 해안을 끼고 있는 지역 특성상 반농 반어적인 성격이 강하다. 특산물은 천일염, 간척지에서 생산되는 농산물, 젓갈, 포도 등이다. 젓갈에 대해서는 젓갈 축제를 개최할 만큼

---

1) 김경학 · 박정석 · 염미경 · 윤정란 · 표인주,《전쟁과 기억》(한울 아카데미, 2005), 79.
2) 영광군,《영광군지》(영성문화사, 1998), 527.

염산면에서 많은 관심을 기울이고 있다. 염산면에서는 1950년 전까지만 해도 야월리에서 재래식 염분인 화염을 생산하였다. 1955년을 전후하여 천일염전이 조성되었으며 정부시책과 제염업자들의 노력으로 1965년부터 본격적으로 개발되었다.

염산면에는 현재 동일염전, 야월염전, 흥국염전, 두우염전, 죽도염전, 영백염전, 운곡염전, 군유염전, 대흥염전, 신흥염전 등 영광군에서 최대의 천일염 생산지를 확보하고 있다. 과거 한때는 국내 천일염의 60%를 생산했으나 지금은 15%를 차지하고 있다. 이와 같이 영광 굴지의 산업을 염산면에서 보유하고 있었다고 할 수 있다.

이러한 특징을 가지고 있는 염산면에 교회가 들어선 것은 전술한 바와 같이 1908년이었다. 당시에는 육지와 연결되어 있지 않아 섬으로 존재했던 야월도에 야월교회가 설립되었다. 이 교회가 설립될 수 있었던 것은 야월리 지역민의 노력과 남장로교 선교사 배유지(E. Bell)의 방문에 의해서였다.

영광군에서 가장 먼저 설립된 교회는 1903년에 세워진 백수면의 대전리(大田里)교회이다. 그후 1904년 묘량면의 신천리(新川里)교회, 1905년 영광읍 무령리(武靈里)교회 등이 그 뒤를 이었다. 야월리교회는 1908년에 세워졌기 때문에 영광군 내에서 네 번째로 설립되었고 염산면에서는 제일 먼저 세워졌다.3)

두 번째로 염산면에 설립된 교회가 염산교회이다. 염산교회는 야월교회가 설립된 지 거의 40여 년이 지난 후에 세워졌다. 원래 이 교회는 당시 군남면 옥실리(2010년 현재 염산면으로 편입)교회의 교인들에 의해 설립되었다. 옥실리교회는 1939년 이곳 지역민인 이봉오

---

3) 야월교회, "야월교회 연혁", (야월교회, 1998).

라는 인물에 의해 설립되었다. 당시 그의 부인이 큰 병에 걸리자 귀신이 든 줄 알고 이를 퇴치하기 위해 야월리교회에 다니기 시작했다. 야월리는 당시만 해도 섬이었기 때문에 나룻배를 타고 다녀야 했다. 그는 너무 힘들어서 군남면 포천에 있는 교회로 다니다가 이것도 힘들어 옥실리에 기도처를 만들기로 했다.[4]

이웃 군남면 소재지에 있는 포천교회의 집사 허상 씨를 옥실리 기도처 책임자로 모셔오기로 하고 이봉오의 집에서 예배를 드리기 시작했는데, 이것이 염산교회의 출발이 되었다. 그후 해방이 되자 염산면의 면사무소 등 소재지가 설도(雪島)로 바뀌면서 옥실리에서 사람들의 왕래가 많고 교인들의 삶의 중심이 된 설도에 교회를 짓고 옮기기를 결의하고, 1947년 4월 28일 옥실리 교회당을 폐쇄하고 현재의 염산교회 자리로 이사를 했다. 염산교회는 영광군의 다른 지역과는 달리 지역민들 스스로의 민족의식 혹은 자발적 의지에 의해 교회가 설립되었다고 할 수 있다.

---

[4] 염산교회, "염산교회 연혁", 《염산교회사》(1997), 3.

2. 발전 과정

염산면 소재지인 설도의 개항과 더불어 교회도 부흥 성장하기 시작하였다. 1939년 9월 20일 옥실리 3-7번지 이봉오 씨 자택에서 시작된 교회는 그 다음해인 1940년 9월 1일 초가 3칸 18평의 예배당을 신축하고 7년 사용 후 폐쇄하였으며, 1947년 4월 28일 염산면 소재지인 봉남리 191번지 설도에 초가 28평을 건립하고 이전하였다.[5]

1947년 10월 4일 평양신학교를 졸업한 원창권 목사가 부임하여 1948년 4월 7일 예배당 헌당 및 원창권 목사 위임예식을 하면서 지금까지 수고하였던 허상 전도사가 은퇴하고 장로로 장립을 받았다. 이에 따라 염산교회는 새로운 모습과 진용을 갖추고 새롭게 도약하는 교회로 지역의 중심에 우뚝 서서 구원의 등대로서의 역할을 감당하며 부흥 성장하였다. 당시 행정과 경제의 중심지인 설도항에는 많은 여객선과 어선들이 끊임없이 드나들면서 수많은 사람들이 사철 왕래하는 곳이었으며, 그 중심 높은 곳에 자리 잡은 염산교회는 구원의 복음을 활발하게 전하는 전진기지가 되었다.

1948년 5월 18일 여수 애양원교회를 시무하며 신사참배를 반대하다가 수년간 감옥생활을 하고 출옥한 손양원 목사를 초빙하여 부흥사경회를 개최하였다. 이때 300여 명의 성도들이 좁은 교회당에 모여 큰 은혜를 받고 마치 1907년 평양 대부흥의 역사로 온 평양시

---
5) 염산교회, "염산교회 연혁", 《염산교회사》(1997), 3.

가 철시를 했던 것처럼 염산지역은 물론 영광군 전체가 성령의 기운으로 가득 찼으며, 온 교회가 손양원 목사의 일사각오와 절개 있는 신앙으로 무장하는 기회가 되었다.

그런데 1949년 2월 10일 원창권 목사가 염산교회 담임목사직을 사임하고 만다. 사임 이유는 당시 지방에 준동한 공산 좌익 유격대들 때문이었다. 월암산에 본부를 둔 유격대가 염산면 입구의 돌팍재에서 영광경찰서의 순찰차를 피습하여 무기를 탈취하는 일이 발생할 정도로 공산 좌익들의 활동이 대단했다. 원창권 목사와 가족을 죽이겠다고 협박하던 공산 좌익에 의해 염산교회에 다니던 한 교인이 밤길에 이 유격대원들에게 죽임을 당하고 말았다. 더 이상의 피해를 줄이기 위해 원창권 목사는 염산교회 담임목사직을 사임하고 염산을 떠나 영광읍으로 무작정 이사하였다.

당시 염산면 지역을 사실상 장악하고 있었던 공산 좌익 세력의 활동으로 지역 사람들이 두려워 떨고 있었고, 더욱이 염산교회 담임 원창권 목사가 그들에 의해 교회를 사임하고 떠났기 때문에 그 누구도 염산교회에 부임하려는 목회자가 없었다. 이렇게 1년여 기간 동안 목회자 없이 지역에 준동한 공산 좌익 세력과 악한 영적 세력의 힘겨운 대립 속에 염산교회에 부임한 인물이 김방호 목사였다.[6]

그는 1933년 8월 23일부터 1940년 말까지 약 8년 동안 영광읍교회(현 영광대교회)를 시무했었기 때문에 영광군 지역의 특성과 염산교회에 대해서 그 누구보다도 잘 알고 있었지만 그가 염산교회에 부임한 것을 보면 그의 용기와 담대함이 얼마나 대단했는지를 짐작해 볼 수 있다.

---

6) 영광대교회, 《은혜의 강물》(가리온 해피데이, 2009), 244.

그는 1895년 경북 경산에서 출생하였으며, 1919년 3·1만세운동에 참여했던 민족적인 인물이었다. 당시 그와 함께 참여했던 부친은 일제의 총에 맞아 순절하였다. 그는 24세에 만주로 망명하여 독립군 군자금을 모금하기 위해 국내에 잠입하여 활동하던 중 함경도 삼수와 갑산에서 개최된 어느 부흥사경회에 참석하여 감명을 받고 기독교인이 되었다. 그후 개성읍에 소재하고 있는 한영서원을 졸업하고, 충남 서천군 한산, 전북 김제, 전남 장성 등지에 있는 사숙에서 교원으로 재직하였다.

도대선 선교사의 조사, 전남 장성군 소룡리교회 장로 등을 지내다 1927년 평양장로회신학교에 입학, 1933년 28회로 졸업하였다. 졸업 후 전남노회에서 목사 안수를 받고 전남 영광군 영광읍교회로 부임하였다. 1941년 전남 신안군 비금면 덕산교회로 부임하여 시무했으며, 그후 전남 나주군 상촌교회와 영산포교회에서 전임으로 목회하였다. 이러한 이력을 가진 그가 염산교회로 부임한 때는 1950년 3월 10일이었다.[7]

당시 염산지역에서 가장 높고 험한 월암산에 은거하며 지역을 장악하다시피 한 좌익 세력과의 사상적, 정신적, 신앙적 대립과 갈등 속에서 분명하고 투철한 반공정신과 불의와 타협할 줄 모르는 대쪽 같은 그의 신앙 지도로 교회는 안정을 찾고 부흥 성장해 갔다. 그러나 김방호 목사가 부임한 지 3개월 만에 6·25 한국전쟁이 발발하여 1개월도 못 된 7월 23일 주일 예배 후에 예배당과 사택을 공산당에게 징발당하고 김방호 목사의 가족 8명은 쫓겨나게 되었다.

---

7) 염산교회, "염산교회 연혁", 《염산교회사》(1997).

3. 지역사회에서의 역할

염산면에는 1950년 한국전쟁이 일어나기 전까지 두 교회만 존재하였다.

야월교회는 섬인 야월도에 있었기 때문에 염산면의 거주민들에게 기독교를 전하기에는 한계가 있었다. 지리적인 사정으로 인해 기독교를 보급시키기 위한 빈번한 접촉이 어려웠기 때문이다. 앞에서 설명했던 염산교회 설립의 기초자인 이봉오의 사례를 통해서도 엿볼 수 있다. 당시 야월도에 거주하는 사람들은 밀물 때가 되어야만 육지로 건너갈 수 있었기 때문에 교통이 불편하였다.

이렇게 지리적인 사정이 나빴기 때문에 야월교회는 부흥 성장하기가 매우 어려웠다. 그래서 설립 초기부터 1950년 한국전쟁기까지 담임 목사와 장로 없이 영수들이 교회 살림을 맡아서 하였다. 설립 이후 도대선(S. K. Dodson) 선교사, 남대리(L. T. Newland) 선교사, 김아각(D. J. Cumming) 선교사 등이 당회장으로 활동하면서 성례전을 야월교인들에게 베풀었다. 그후엔 조사 박인원, 이경필, 최흥종, 이계수 등이 교회를 담당하였다.

1950년 한국전쟁중에도 염산교회의 김방호 목사가 당회장으로서 성례전을 담당하며 사실상 중요한 일을 맡고 있었고, 영수 김성종과 조양현 두 사람을 세워 교회를 책임지고 운영하도록 하였다.[8]

염산면에는 소금 굽는 염소가 있었기 때문에 소금배가 목포까지

---

8) 야월교회, "야월교회 연혁" (야월교회, 1998).

소금을 실어 나르기 위해 염산면 일대의 포구를 자주 왕래했다. 그래서 이곳은 자연스럽게 다른 지역에 비해 상대적으로 변화하였고, 소금배가 드나드는 등의 이유로 외부와의 접촉이 다른 곳에 비해 많았다.

그리고 지역민들이 조개, 물고기 등 어물을 팔기 위해 배를 타고 목포를 자주 드나들었던 것도 변화의 요인이었다. 일례로 1930년대 신사참배에 반대하고 해남에서 옥실리로 이주해 온 김용시(현재 염산제일교회 장로)의 부친은 조개 등속을 파는 야월리교회 교인이었던 최판섭의 이야기를 듣고 이곳으로 왔다고 한다. 당시 그는 목포로 가서 조개 등속을 팔며 사람들을 만났던 것으로 보인다.[9]

이러한 관계로 염산면에는 여러 성씨들이 모여 살았다. 1915년 당시 이곳에 거주했던 성씨들은 강씨(姜氏), 정씨(丁氏), 이씨(李氏), 문씨(文氏), 박씨(朴氏), 한씨(韓氏), 김씨(金氏), 홍씨(洪氏), 남씨(南氏), 손씨(孫氏), 탁씨(卓氏), 장씨(張氏), 정씨(鄭氏), 신씨(申氏), 임씨(林氏), 서씨(徐氏), 최씨(崔氏), 何部(日本人) 등이었다. 이처럼 다양한 성씨들이 모여 살았다는 것은 그만큼 인구 이동이 심했다는 것을 뒷받침해 준다.

인구 이동이 심했다는 것은 외부와의 소통이 원활했다는 뜻이기도 하다. 내한 선교사들이 가장 먼저 교회를 설립한 곳은 사람들의 왕래가 빈번하고 교통이 편리한 지역이었다.

이와 같은 배경을 가진 염산교회 교인들의 지역사회에서의 역할에 대해 살펴보면 다음과 같다.

---

9) 김용시 증언(현재 염산제일교회 장로, 2003. 3. 30)

첫째, 통신 수단이라고 할 만한 것이 거의 없을 때 외부와의 정보 교환을 위한 거점 및 연락망 역할을 했다고 본다.[10]

외부와의 정보 교환에 중요한 역할을 한 사람들이 내한 선교사들, 조사들 그리고 부흥회 및 사경회를 위해 외부에서 초청된 기독교인들이었다. 미국 남장로교 소속의 내한 선교사들은 전라노회 및 전남노회에서 중요한 역할을 하고 호남지방 여러 곳의 교회를 책임지고 있었기 때문에 자연스럽게 외부의 정보를 전해주는 역할을 하였다.

선교사들을 도와주는 조사들도 마찬가지였다. 이들도 선교사들과 함께 여러 곳의 교회를 다녔기 때문에 한국의 정치・경제・사회 등의 상황을 전해 주었다고 할 수 있다. 그리고 염산교회에서는 기독교계에서 널리 알려져 있는 이들을 부흥회 강사로 초청하였고, 이들에 의해 기독교계의 전반적인 사정 혹은 외부의 여러 상황들을 염산교회 교인들은 알 수 있었다.

또한 이들에 의해 염산교회의 상황이 외부에 전해졌던 것으로 보인다. 염산교회는 이들이 전하는 외부의 여러 가지 정보들을 지역 주민들에게 전달해 주는 역할을 했을 것이다. 따라서 염산교회는 지역민들에게 외부의 정보를 전달하고 전하는 거점 및 연락망 역할을 했다고 볼 수 있다.

둘째, 근대화의 구심점 및 초보적인 근대 교육 장소로서의 역할을 했다고 본다.

교인들과 지역민들에게 부흥회와 사경회뿐만 아니라 성경 읽기를 위한 한글 가르치기 및 근대 교육과 위생 교육 등의 실생활 교육

---

10) 김경학・박정석・염미경・윤정란・표인주,《전쟁과 기억》(한울 아카데미, 2005). 83.

을 하였다. 또한 청년회 및 학생회 주일학교를 통한 청년, 학생, 아동들의 근대 교육의 역할을 충실하게 담당하였다.

셋째, 염산교회 교인들은 민족문제에 대해 방관하지 않았다.

해방 이후 염산교회에서는 1947년 5월 18일 손양원 목사를 초청하여 한 주간 동안 집회를 개최하였다.[11] 손양원 목사는 여수 애양원에서 시무하면서 신사참배 반대운동을 벌였던 인물이다.[12] 손양원 목사가 부흥회를 이끌 때 300여 명이 교회로 몰려왔다고 한다. 이렇게 염산면의 기독교인들이 신사참배 반대운동을 적극적으로 벌였던 인물을 초청한 것은 그들의 의식이 어느 정도였는지를 알 수 있게 해 준다.

따라서 염산교회 교인들은 자신의 지역에서 기독교인으로서 원칙을 저버리지 않으려고 노력했음을 알 수 있다. 이처럼 지역사회에서 자신들의 역할을 다하려고 애썼던 이들은 한국전쟁이라는 수난의 현장에서 순교하는 데도 앞장섰던 것이다.

---

11) 염산교회, "염산교회 연혁",《염산교회사》(1997), 4.
12) 이광일,《손양원 목사의 생애와 사상》(글로리아, 1995), 95.

제2장

한국전쟁과 염산교회 순교사건의 배경과 원인

1. 순교자 발생의 시대적 배경
2. 순교자 발생의 군사적 배경
3. 순교자 발생의 사상적 배경
4. 순교자 발생의 신앙적 배경
5. 순교자 발생의 시대적 원인
6. 순교자 발생의 직접적 원인

1. 순교자 발생의 시대적 배경

1) 한국전쟁과 염산면의 상황

한국전쟁은 1950년 6월 25일 발발했으나 1945년 해방 후부터 전쟁의 불씨는 내재되어 있었다. 한국의 해방은 제2차 세계대전의 종전과 함께 이루어졌으나 미·소의 분할 점령으로 완전한 것은 아니었다. 이와 동시에 국내에서는 국가 건설의 문제를 놓고 우익과 좌익 간에 첨예한 대립을 벌였다. 좌익과 우익 세력은 1919년 3·1운동 이후 민족운동의 방향을 놓고 형성되었던 민족주의와 사회주의 세력에서 기인한다.[13]

1948년 유엔에 한국 문제가 상정되면서 남한 단독선거가 기정사실화되자 남로당을 중심으로 한 좌익세력은 이에 대해 반대 투쟁을 전개하였다. 이를 계기로 남로당 전술은 무장투쟁으로 전환하였으며, 각 지방에서는 '야산대' 라는 무장부대가 조직되었다. 1948년 하반기부터 북에서 남한 유격투쟁을 지원하기 시작하였으며 1949년 9월부터 본격적으로 이루어졌다. 유격대들은 남한 군경의 동계 토벌작전과 남로당 최고 책임자였던 김삼룡과 이주하가 1950년 3월에 체포됨으로써 많은 타격을 받았다. 그럼에도 불구하고 그후에도 부분적인 저항은 계속되었다.

당시 영광지방에서도 경찰과 유격대의 격전이 빈번하게 발생하

---

13) 김수진, 《6.25전란의 순교자들》(대한기독교출판사, 1981), 53.

었다. 1948년 4월초 영광군의 유격대장 박막동은 염산면 상계리 돌팍재에 대원 50여 명을 이끌고 와서 지나가던 경찰들에게 기습 공격을 가하여 많은 사상자를 내기도 했다. 그는 1949년 8월 9일에도 영광에서 광산군 송정으로 가는 밀재에서도 기습 공격을 가했다. 영광경찰서에서 소장하고 있는 순직 및 부상한 경찰 조사 목록을 토대로 작성한 격전상황을 [표 1]에서 보면 잘 알 수 있다.

[표 1]은 전투지에서 순직 및 부상한 경찰 조사 목록을 토대로 작성했기 때문에 완전한 전투일지라고 할 수는 없다. 하지만 이것으로 가장 빈번하게 전투가 이루어진 시기 및 장소 등은 추정할 수 있다. [표 1]에 나타난 바와 같이 빈번한 전투가 발생한 시기는 1949년 4월 및 9월이었다. 9월에 전투가 빈번하게 발생한 것은 각 유격대 전술이 '아성공격'으로 바뀐 것과 관련되어 있는 것으로 추정된다. 인민유격대의 3개 병단과 각 지방의 야산대는 북한에서 내려온 강동 정치학원 출신 유격대들과 합류하여 '아성공격'이라는 전술로 넘어갔던 것 이다.[14]

그리고 백수읍 구수산 염산면 돌팍재 불갑면 불갑사 등에서 전투가 자주 발생했던 것으로 보인다. 이곳은 유격대가 자주 출몰하던 지역이었을 것이다. 그리고 1950년에 들어서서는 군경의 동계 토벌작전 때문인지 전투상황이 2회에 그쳤다.

1950년에 들어서서 전투상황은 줄어들었으나 한국전쟁 전까지 군경과 유격대 간에 전투가 빈번하게 이루어지고 있었음을 알 수 있다. 이러한 상황에서 1950년 6월 25일 한국전쟁이 일어난 것이다. 한국전쟁이 시작된 후 북한의 인민군이 영광지역에 입성한 것

---

14) 김경학 · 박정석 · 염미경 · 윤정란 · 표인주, 《전쟁과 기억》(한울아카데미, 2005), 92.

은 7월 23일경이었다. 전쟁 개시 후 한 달이 지난 다음 공식적으로 북한 인민군이 영광군으로 진입했으나 염산면에는 이보다 일찍 북한의 정치공작원 부대가 들어왔다.

그것은 한국전쟁이 발발하기 3일 전인 1950년 6월 22일이었다. 1950년 6월 북에서는 '인민무력'을 38선 경계선에 총집결시키는 한편, 월북한 박헌영과 이승엽은 북한에 흩어져 있는 자신들의 세력을 불러 모아 '정치공작'이라는 명목으로 6월 초순 남한의 각 도에 파견했다. 1개 도에 5~10명 정도 파견했으며, 이들은 주로 육로보다는 해상을 이용하여 남한으로 내려왔다. 이들을 남한에 내려보낸 목적은 파괴된 당 조직을 복구하고 인민군이 내려왔을 때 군중들을 호응 및 궐기시키기 위한 것이었다. 미리 파견된 곳은 서울·충남·전남·전북 등이었다.

이 가운데 전남지역은 광주와 영광 염산면이었다. 김남식은 염산면에 이들이 도착한 시기가 1950년 7월 중순이라 하고 있으나 김용시를 비롯한 염산면 거주민들은 6월 22일로 증언하고 있다.[15]

김남식의 자료와 염산면 거주민들의 증언을 서로 종합해 보면 다음과 같다. 1950년 6월 초 조형표와 김태규 등이 '정치공작' 임무를 띠고 평남 진남포항에서 선박편으로 출발했으나 심한 풍랑 때문에 20여 일간 중국 해안에 표류되었다가 6월 중순에 염산면에 도착하였다.[16]

완도 출신의 조형표는 1949년 하반기 호남지구 유격대에 참가한 인물이었다. 그는 북에서 무기를 지원받기 위해 1949년 11월 초순

---

15) 김용시 증언(현재 염산제일교회 장로, 1999. 5. 28).
16) 김근배 증언(현재 염산제일교회 장로, 1999. 5. 28).

전남도당 선편으로 월북하였다. 김태규는 화물선 스미드 호의 선원으로서 1949년 9월 20일경 이 화물선이 월북하자 북에서 노동당에 가입하여 공작원으로 남파된 것이다.[17]

화물선 스미드 호에는 승무원 53명 가운데 남로당원 15명이 포함되어 있었다. 1949년 9월 20일 식염 2천 톤을 싣고 부산항을 출발, 군산항을 향해 가던 도중 남로당원 책임자의 지시에 따라 함께 타고 있던 미군 2명을 무장 해제시키고 선내에 감금한 다음 화물선을 진남포로 몰고 갔다.

이들 가운데 대부분은 북의 해군에 편입되었으며 일부는 1949년 11월 초 회령 제3군관학교(대남유격대 공작원 양성학교)에 입교하여 약 6개월간 군사훈련을 받고 1950년 6월 초순 중앙당으로 불려갔다. 이들은 다른 전남북 출신들과 같이 전남지구 정치공작대(16명), 전북지구 공작대(17명)로 편성되어 발동선을 타고 진남포항을 출발했다. 이들은 해상에서 선박 고장으로 중국 석도에 표착, 약 20일간 억류되었다가 석도를 출발, 영광 염산면에 도착했다고 한다.

김용시의 증언에 의하면 이들은 남자 30명과 여자 2명으로 구성되어 있었다고 한다. 이들은 6월 22일 백수읍 해안에 상륙하려다가 모래가 많아 배를 대지 못해 송촌 해안에 상륙했다. 밤에 도착한 이들은 내남으로 가는 동안 날이 밝아서 내남에 살고 있던 채수현의 집으로 갔다.

이곳에 머물고 있던 정치공작대원들은 아침에 우물가로 물을 긷기 위해 온 송촌의 부인들에게 들키고 말았다. 부인들은 이장에게 이 사실을 전해 염산면 지서에 알리게 하였다. 지서에서 영광경찰

---

17) 임정섭,《순교담론의 형성과 재현의 정치》(전남대학교 대학원, 2010), 22.

서로 알리자 이곳에서는 광주 사단으로 알려 군경 합동작전으로 채수현의 사랑방에 대고 집중사격을 가해 이들을 전부 몰살시켰다. 채수현의 집은 집중사격으로 인해 불에 타 버리고 말았다.

결국 무장한 정치공작원들은 마을 사람들에 의해 모두 몰살당했다. 이러한 상황에서 1950년 6월 25일 전쟁이 발발하였다. 영광으로 북한 인민군이 진입한 것은 1950년 7월 23일이었다. 7월 21일 영광군의 읍내 기관장들은 영광경찰서에 모여 전세 상황에 대해 논의하였다. 이들은 남한 정부의 전세가 우세한 것으로 오판하고 있었다. 7월 23일 새벽 1시 북한 인민군이 보병 및 전차부대를 앞세워 영광군에 들어올 때까지도 이들은 전세 상황을 모르고 있었던 것이다. 아침 6시에 이미 북한 인민군은 영광읍내로 들어와 군청과 경찰서를 비롯한 관공서를 모두 접수하였다. 경찰은 함평 영산포 방면으로 도주하였으며 군수 이인영과 읍장 허욱 등은 북한 인민군에게 피살당했다.[18]

영광읍에 북한 인민군이 들어오기 전 염산면에서는 산악지대에서 활동하고 있던 서해안 유격대가 7월 13일 새벽 염산면 봉남리 일대를 습격하였다. 이때 경찰기동부대 1백여 명과 접전을 벌였다.[19] 한국전쟁 직전과 직후 두 번의 전투가 모두 염산면에서 벌어졌던 것이다. 이것은 모두 산악과 해안을 함께 끼고 있는 염산면의 지리적인 특징에서 기인한 것으로 추정된다.

이와 더불어 한국전쟁 당시 염산면의 또 다른 특징은 다른 지역에 비해 수복이 늦었다는 점이다. 이곳이 수복된 것은 1951년 1월

---

18) 영광읍교회, 《영광읍교회 90년사》(반석디자인, 1995), 95.
19) 안희주 증언(전 염산면장, 전남 영광군 염산면 봉남리 동촌, 2005. 6. 20)

21일 이후였다. 1950년 9월 28일 서울 수복 이후 다른 지역에서는 북한 인민군 및 좌익세력이 모두 물러나 버렸지만 염산면은 달랐다. 오히려 더 많은 좌익세력이 집결해 있었다.

서울 수복 이후 영광군에도 유엔군이 지나가다 들른 후에 하루 만에 나가 버렸다. 그후 며칠 만에 남한 군경이 들어와 영광읍 외 다른 지역들은 수복을 했으나 백수읍, 불갑면, 염산면만은 여전히 좌익세력이 점령하고 있었다.

현재 염산교회 집사로 있는 노병오의 증언에 의하면 서울이 수복되었다는 것을 임자도에 있었던 좌익세력에 의해 알게 되었다고 한다. 임자도는 당시 남한의 군경에 의해 점령되었기 때문에 좌익세력은 배를 타고 염산면으로 몰려들었다. 이들이 염산면 봉남리 설도에 와서 하는 이야기를 듣고 그는 임자도로 피난을 갔다고 한다.[20] 따라서 다른 지역에 있던 좌익세력이 남한 군경에게 쫓기자 육로와 해로를 통해 수복되지 않았던 염산면으로 몰려들었던 것이다. 서울 수복 이후 염산면은 오히려 좌익세력의 활동 본거지가 되었다고 할 수 있다.[21]

남한 군경은 나주에 주둔해 있으면서 낮에만 왔다 가고 밤에는 좌익세력이 활동하였다. 이러한 상황에서 염산면의 지역민들은 남한 군경과 좌익세력에게 시달리다 못해 백수읍으로 대부분 피난을 갔다. 이곳은 남한 군경이 접근하지 못했기 때문에 오히려 지내기가 편했다는 것이다. 좌익세력은 백수읍의 구수산 갓봉을 중심으로 활동하였다. 1951년 1월에 남한 군경은 갓봉 전투를 통해 좌익세력

---

20) 노병오 증언(염산교회 집사, 염산면 봉남리 설도, 1999. 5. 28)
21) 김경학·박정석·염미경·윤정란·표인주, 《전쟁과 기억》(한울 아카데미, 2005), 90.

을 몰아냄으로써 염산면을 수복했다. 이러한 것들이 다른 지역과는 다른 점이었다. 즉 어느 지역보다도 수복이 늦었던 것이 한국전쟁기 염산면의 특징이었다.[22]

2) 염산면 기독교인의 학살 양상

(1) 염산면 기독교인 학살 시기

먼저 염산면의 기독교인들이 학살된 시기는 1950년 9월 28일 서울 수복 이후였다. 공보처 기록에 의하면 염산면에서는 6월부터 12월까지 민간인이 피살당했는데, 6월 6명, 7월 41명, 8월 608명, 9월 1,233명, 10월 1,143명, 11월 268명, 12월 51명 등이다. 이 숫자에 의하면 9월부터 10월까지 집중적으로 민간인이 피살당했음을 알 수 있다. 한국전쟁 발발 후부터 7월 22일까지 25명, 영광군에 북한 인민군이 주둔하기 시작한 7월 23일부터 9월 27일까지 1,732명, 서울이 수복된 9월 28일부터 염산면이 수복될 때까지 1,593명에 이르는 것으로 기록하고 있다.[23]

1950년 9월 유엔군이 인천상륙에 성공하자 김일성 세력은 장애가 되는 모든 요소를 제거하라고 지시했다고 한다. 이에 각 지방에서 수감자 및 우익인사에 대한 대학살이 전개되었다. 염산면에서도 서울 수복 이후에 대학살이 이루어졌다. 염산면 내에서도 야월리와 봉남리의 피해가 상대적으로 컸다. 이 지역에 위치하고 있던 염산교회 교인들의 피해도 클 수밖에 없었다.

---

22) 김경학·박정석·염미경·윤정란·표인주,《전쟁과 기억》(한울 아카데미, 2005). 96.
23) 공보처 통계국,《대한민국통계연감》(통계국, 1952. 10. 발간), 1025.

염산교회를 중심으로 봉남리 옥실리 지역민들은 유엔군 상륙 직후부터 1950년 11월 말까지 집중적으로 학살을 당했다. 염산교회에서는 전체 교인의 3분의 2에 해당하는 77명이 좌익세력에 의해 학살당했다. 봉남리 설도에 위치해 있는 염산교회 교인들은 대부분 옥실리 혹은 봉남리에 거주하는 사람들이었다.

공보처 통계에 의하면 옥실리 학살자 수는 총 50여 명이었다. 반면 봉남리 학살자 수는 거의 8백여 명에 이른다. 이 가운데서 염산교회 교인 77명이 학살당했다.

염산교회 교인 가운데 가장 먼저 학살당한 사람은 목포고등성경학교에 재학중인 기삼도 학생이었다. 기삼도는 염산교회가 위치해 있던 설도와 옥실리 사이를 왕래하면서 김방호에게 정보를 제공하였다. 당시 염산교회는 1950년 7월 23일 일요일 낮예배를 드린 후 북한 인민군의 점령으로 교회 건물을 사용할 수 없게 되었다. 그래서 김방호는 다음날 신변의 위협을 느끼고 가족들과 함께 옥실리 김용시와 장병태 집에 은신해 있었다. 그곳에서 가족들과 염산교회 교인들과 함께 미래의 일을 계획하고 있었는데, 기삼도 청년이 바깥 정세를 제공해 주었던 것이다.

1950년 10월 8일 봉남리 설도와 옥실리를 자주 왕래하던 그를 수상히 여긴 좌익세력은 그를 체포하여 죽여 버렸다. 그 다음으로 끌려간 사람이 염산교회 교인 가운데서 집사로 있던 노병재를 비롯한 그의 가족들이었다. 그는 나주 출신으로 염산 설도에 와서 창고업을 해서 경제적으로 윤택한 사람이었다. 그 외에 다른 교인들은 경제적으로 다른 지역민들과 별반 차이가 없었다.

김방호 목사는 10월 26일에 끌려가서 죽임을 당했다. 염산교회 교인 가운데 가장 마지막으로 피살당한 사람이 장로 허상이었다. 그때가 11월 중순이었다. 염산교회 교인들은 모두 10월에서 11월까지 피살당했던 것이다.

이들을 직접 학살했던 행동대는 '생산유격대'였다고 한다.[24] 1950년 7월 북한 인민군이 염산면을 점령하면서 다른 지역과 마찬가지로 인민위원회가 조직되었던 것으로 추정된다. 1949년 미군정과 이승만 정부의 남로당에 대한 동계토벌작전이 시행되고 1950년 3월 남로당 최고 조직책인 김삼룡과 이주하가 체포됨에 따라, 당 조직이 말살되고 산악지대의 일부 유격대들만 남아 있었다. 이러한 상황에서 인민위원회의 조직은 새로 건설하는 것에 가까웠다.

(2) 염산면 인민위원회 조직과 활동

인민위원회는 먼저 행정구역별로 서울시 당을 비롯하여 각 도당, 시 당, 군 당, 면 당 등의 순서로 조직되었다. 조직 방식은 중앙에서 각 도에 위원장과 부위원장을 6~7명씩 파견하여 도당위원회를 구성하였다.[25] 도당위원회에서 선발된 간부는 다시 하급 단위의 당위원회를 조직하고 각 리에서는 세포위원회를 조직하였다. 세포위원회는 5인 이상이면 구성할 수 있었다. 당원은 옛 당원 위주로 심사를 거쳐 선발하였으며, 국민보도연맹가입자는 정당원이 아닌 후보당원으로만 가입할 수 있도록 했다. 9월 초 제주도를 제외한 전 지역에 도당이 건설되었다.

그리고 좌익에 반대하는 친 이승만 세력에 대해서는 철저한 색

---

24) 김경학 · 박정석 · 염미경 · 윤정란 · 표인주, 《전쟁과 기억》(한울 아카데미, 2005), 100.
25) 김경학 · 박정석 · 염미경 · 윤정란 · 표인주, 《전쟁과 기억》(한울 아카데미, 2005), 101.

출을 통해 숙청하였다. 이러한 업무를 담당한 곳이 정치보위국 산하의 시군 내무서와 면분주소와 리자위대 등이었다. 면자위대에 인민위원장과 당위원장이 숙청자 명단을 작성하여 제출하면 이들을 숙청하는 것이 원칙이었으나 대부분 인민위원회 위원과 자위대원들이 함께 숙청 대상자 명단을 작성하여 직접 가택 수색과 은신처 수색 등을 통해 체포 구금시켰다. 체포 구금 등은 주로 북한이 초기 점령했을 때의 상황이었다. 그리고 대부분 이 당시의 상황에 대해서는 매우 긍정적으로 기억하고 있다. 염산면에 거주하는 지역민들은 다른 지역과 마찬가지로 북한 인민군의 기억에 대해서는 다음과 같이 긍정적이었다.[26]

"인민군은 사람 하나도 안 죽였어. 참 신사적이고 사람들이……학생들인디……그 사람들은 여기 와서 땅굴 팠어. 방공호……주민들 나오라 해 가지고, 얘기를 딱 들어보면 지그들이 학생들이었어. 그 사람들 중에 교인들도 있고. 그러다가 불리하게 된 게 후퇴를 하게 되었단 말이야. 후퇴를 하면 그대로 다 놔두고 가 버렸어."

초기 점령 시에 이들에 대해 긍정적으로 기억하는 것은 홍창섭 의원의 발언에서 그 이유를 찾을 수 있다. 즉 무력전에는 졌는데 사상전에는 이겨야겠다고 해서 민심을 사기 위한 전술을 쓴 것이다. 그들에게는 세 가지 원칙이 있었는데 그것은 부녀자를 강간하지 않을 것, 소를 잡아먹지 않을 것, 죄 없는 사람을 잡지 않을 것 등으로, 이 3대 원칙 하에 행동을 했다는 것이다.

---
26) 최종백 증언(염산면 봉남리 설도, 2003. 3. 3).

이에 대해 한국전쟁을 서울에서 경험했던 김성칠은 "그러나 그 정치가 허위 선전만을 일삼고 인간을 인간으로 다루지 아니하는 그 무자비성에서는 참으로 치가 떨렸다"고 당시의 상황을 객관적으로 표현했다. 즉 이들에 대해 대부분의 사람들이 긍정적으로 기억하는 것은 민심을 사로잡기 위한 정책의 일환이었으며, 초기 점령기라 민심을 이반시키는 집단학살을 할 수도 없었으며 할 필요도 없었다. 대량 학살은 앞에서 설명했듯이 북한 인민군이 후퇴한 후에 일어났다.

(3) 염산면 생산유격대 조직과 활동

염산면에서 집단 학살의 직접적인 행동대로 나선 것은 생산유격대들이었다. 이 생산유격대들은 다른 지역의 '리' 단위에서 '자위대' 혹은 '치안대'와 같은 조직이었던 것으로 보인다. 면 단위에는 염산면 유격대와 염산면 위원회가 조직되어 있었으며 생산유격대를 지휘하는 것은 후자였고 그 하부에 지구책이 설치되어 있었다. 염산면에서는 '살인 9인위원회'가 학살 대상자 명단을 작성하고 '생산유격대'에게 학살을 담당하게 했다고 한다.[27] 이 '살인 9인위원회'가 인민위원회였던 것으로 추정된다.

염산면위원회의 지구책이 3개의 리 단위 생산유격대를 통괄 지휘했으며 합동 공격이 필요할 때는 함께 출동했다고 한다. 염산면에서는 모두 3구로 구분되어 1구는 월흥리, 반안리, 축동리였으며 2구는 상계리, 봉남리, 3구는 송암리, 신성리, 야월리, 두우리 등이었다. 1구 책임자는 홍 모 씨, 2구는 분주소에서 직할하고, 3구는 김

---

[27] 김경학 · 박정석 · 염미경 · 윤정란 · 표인주, 《전쟁과 기억》(한울 아카데미, 2005), 103.

모 씨가 맡았다고 한다. 생산유격대의 하부에는 유일하게 문화부장이 있어 선전·선동을 담당했다는 것이다.

유격대 대원들은 마을의 20대에서 30대 남성들이면 모두 해당되었다. 이들은 생산유격대의 대장 통솔하에 학살과 총공격 등에 동원되었다. 염산면위원회는 산속에 아지트를 마련해 두고 사상교육 대상자들을 불러들여 교육을 시키기도 했다는 것이다. 그리고 마을의 9세 이상에서 11세 이하의 어린이들을 대상으로 소년단을 조직하여 연락병 혹은 보초병의 역할을 맡겼다.[28]

이들은 남한 군경이 나타나면 휘파람 등으로 알려주는 역할을 했다고 한다. 좌익세력은 남한 군경이 나타나면 마을 사람들을 모두 산으로 끌고 올라갔다. 이들을 방패막이로 이용했던 것으로 보인다. 이를 통해 보았을 때 마을 사람들은 생존을 위해 염산면 위원회의 목적에 동원되었던 것 같다. 염산면 지역민들은 서울 수복 이후 낮에는 남한 군경이, 밤에는 유격대들이 와서 괴롭혀 좌익세력이 점령하고 있던 백수읍으로 대부분 피난을 갔다고 한다.[29]

생산유격대가 염산면 기독교인들을 학살한 방법은 수장과 참살과 생매장 등이었다. 염산교회 교인들 대부분이 교회 근처 설도 수문 앞에서 돌멩이와 새끼줄에 꽁꽁 묶여서 바닷물에 수장당했다. 야월교회 교인이던 김성종, 조양현, 최판섭, 최판원, 김두석 등도 염산 설도 앞바다에 수장되었다.[30]

수장은 해안지대가 있는 지역에서 공통적인 방법이었던 것으로 보인다. 대부분 등에 돌을 묶어서 산 채로 바다에 빠뜨려서 수장했

---

28) 임한선 증언(현재 염산대교회 장로, 염산면 봉남리 설도, 1998. 5. 23).
29) 조애순 증언(현재 염산교회 권사, 염산면 봉남리 설도, 1999. 5. 28).
30) 야월교회, 《야월교회 순교자》(복음문화사, 1998), 8.

다. 또한 어떤 경우에는 약 직경 6m의 넓이로 큰 구덩이를 파서 손과 몸을 묶은 후 구덩이에 떠밀어 생매장시켰다고 한다. 들어가지 않으려고 하는 사람들은 칼과 대창으로 찔러 강제로 구덩이에 밀어 넣어 매장시켰다는 것이다. 또 어떤 사람들은 낮에 바다를 파서 큰 구덩이를 만들어 그 속으로 밀어 넣어 매장과 수장을 시켰다.[31]

그리고 참살은 가운데 구덩이를 파고 그 둘레에 체포한 사람들을 둥그렇게 앉힌 후 일본도로 목을 치는 방법이었다.[32] 염산면 기독교인들이 학살당한 곳은 자신이 살고 있는 지역이었다. 거의 자신들이 살고 있는 곳에서 죽었다. 염산교회 교인들도 수장, 참살 등의 방법으로 목숨을 잃었다.

염산면의 기독교인들은 앞에서 살펴본 바와 같이 경제적으로 윤택하거나 이곳 지역민들보다 더 나은 것은 없었다. 그리고 지역사회를 위해 나름대로의 역할을 했다고도 볼 수 있다. 그럼에도 불구하고 이들은 학살을 당했다. 왜 그들은 좌익세력에 의해 피살당한 것일까?

---

31) 최종백 증언(염산면 봉남리 설도, 2003. 3. 3).
32) 백선규 증언(염산면 봉남리 설도, 2003. 3. 3).

2. 순교자 발생의 군사적 배경

같은 민족끼리 처절하게 싸운 한국전쟁(6·25동란)은 한국 역사상 가장 비참한 전쟁 중 하나였다. 그 피해는 말할 수 없이 가혹한 것이어서 전투에 의한 사상자만도 사망 15만, 행방불명 20만, 부상자가 25만에 달았다. 비전투요원이었던 민간인들의 사상자 수는 이루 헤아릴 수가 없었다.[33]

이 전쟁은 1950년 6월 25일 새벽 4시 공산군의 전면적인 남침으로 시작되었지만 영광지방에 공산군이 진입한 때는 전쟁 발발 후 약 한 달 가까이 된 1950년 7월 23일이었다. 이날 새벽 1시 공산군 보병 및 전차부대는 김제와 고창지방을 넘어 영광군 북쪽 대마면에까지 쳐들어 왔고 아침 6시에는 이미 영광 읍내에 완전 진입하여 군청과 경찰서를 비롯한 많은 관청 건물을 탈취하였다.

공산군 진입 당시 경찰은 사이렌 경보 하나 울리지 못한 채 영광군의 남쪽 불갑면을 거쳐 함평, 영산포 방면으로 도주함에 따라 미처 피난하지 못한 군민들의 피해는 매우 컸다. 그중에는 군수 이인영과 면장 허욱마저도 미처 피난을 하지 못하고 그들의 손에 의해 피살 되었는데 이것은 당시 영광 전체가 얼마나 무방비 상태였는가를 알게 해주는 것이었다.

더구나 7월 23일까지도 라디오 방송은 물론 7월 21일 영광경찰서 서장실에서 있었던 영광 유지들의 회동에서조차도 우리 남한의

---

33) 공보처 통계국, 《대한민국통계연감》(통계국, 1952. 10. 발간), 1025.

전세가 유리하여 오히려 우리 국군이 북진하고 있는 것으로 오도되고 있었다. 때문에 7월 23일이 되어서도 영광 군수는 물론 영광 군민 아무도 공산군이 바로 목전까지 쳐들어온 것을 몰랐던 것이다.[34]

영광에 쳐들어온 공산군들은 즉시 해방 후부터 지하 좌익 활동을 해오던 폭도들을 앞세워 내무서와 인민위원회, 부녀동맹위원회 등 자기들의 체제를 세우고 만행을 저지르기 시작하였다.

그들은 9월 28일 서울 수복 이후 국군이 영광읍과 각 면에 진입하여 장악한 후에도 1951년 2월 말까지 높은 산과 해안을 끼고 있는 불갑면, 백수면, 염산면 등지에 남아 주민들을 괴롭혔다. 그 중에서도 백수면 구수산의 일명 갓봉과 불갑산 등은 이 기간 그들의 주요 은신처나 활동 무대가 되었다.[35]

특히 1951년 1월 24일 갓봉을 탈환하기 위한 장성, 고창, 영광, 함평 경찰들을 중심으로 구성된 아군의 1차 토벌작전 중에 백수면민 6백여 명이 사살되는 참사가 있었고, 1차 토벌작전이 실패하자 1951년 2월 20일 2차 토벌작전으로 갓봉이 탈환되고 며칠 후 불갑산 등지의 빨치산들까지 소탕함으로써 영광은 전쟁의 공포에서 간신히 헤어나올 수 있었다.

---

34) 영광읍교회, 《영광읍교회 90년사》(반석디자인, 1995), 95.
35) 월간조선, 〈월간조선 4월호〉(월간조선사, 2002), 170.

3. 순교자 발생의 사상적 배경

염산면 지역에는 1950년 한국전쟁이 나기 1~2년 전부터 이미 좌익 세력이 월암산을 본거지로 삼고 활동하고 있었다.

북한 공산당의 거물 간첩인 남로당의 김삼룡은 염산면 오동리에 있는 월암산 아래 상오부락 출신으로서, 김삼룡을 추종한 지방 빨치산이 준동 입산하여 인근 부락과 도로에까지 출몰하여 밥을 짓게 하고 우익인사들을 납치 살해하는 등 치안이 불안한 상태에서 좌우의 사상적 대립과 갈등이 계속되었다. 이때 경찰이 의심되는 주민이나 입산한 가족을 구금 및 처형함에 따라 감정이 격화되었다.

1950년 6월 22일 밤 숫자 미상의 북한 공산군 1개 부대가 해상을 통해 서해 바닷가인 창수 부락 앞으로 야음을 이용해 상륙하여 신성리 뒷산에 잠입, 영광을 공격하려 하였다.[36] 이 정보를 접한 국군 토벌군이 광주에서 내려와 신성리에서 북쪽인 내남리 부근 야산에서 치열한 전투가 벌어져 대다수가 살상되었고 잔당은 옥실리 그리고 야월 지금의 서초등학교 뒷산으로 잠입하였다. 그중 한 사람이 나무꾼에게 발견되어 경찰에 알려지자 경찰이 와서 독려함으로 정문성 씨가 공비 잔당 한 명을 잡아다 경찰에 인계하여 입동 길 옆에서 총살하였다. 남아 있는 다른 잔당이 이 사실을 알고 이 마을을 불순한 마을이라고 하여 그들의 주목을 받게 되었고, 또 정문성이 기독교인이라는 점이 알려지게 되었다.

---
36) 월간조선, 〈월간조선 4월호〉(월간조선사, 2002), 171.

좀더 확실한 직접적 원인은 1950년 9월 29일 국군과 UN군이 목포에서 함평, 영광을 수복할 때였다. 《기독교대백과사전 10권》 1489쪽을 보면, 1950년 9월 29일 후퇴했던 국군과 UN군이 영광읍에 진주하였는데 이때 기독교인들과 우익 인사들이 환영 행진을 하고 만세를 불렀다고 기록하고 있다.[37]

이 일은 염산교회 청년들의 주도하에 이루어졌고, 봉남리 설도 부락에서도 만세 집회를 주도하였다.[38] 그러나 미처 후퇴하지 못한 공산군과 지방 공산군들은 인근 산속에 은거하고 있었고 국군을 환영한 기독교 인사에 대한 보복 계획이 추진되었다.

---

37) 한영제, 《기독교대백과 사전》(기독교문사, 1989), 1489.
38) 안영로, 《메마른 땅에 단비가 되어》(쿰란출판사, 1994), 266.

4. 순교자 발생의 신앙적 배경

1) 순교자 손양원 목사의 대부흥사경회

1948년 5월 18일 일본의 신사참배를 반대하다가 수감되어 수년간 감옥생활을 하고 출옥한 손양원 목사를 초청하여 전쟁의 상처 치유와 위안을 위한 부흥사경회를 개최하였다.[39] 손양원 목사는 1902년 6월 3일 경남 함안에서 출생하여 1938년 평양신학교를 졸업하고 1939년 8월 22일 여수시 율촌면 애양원 성산교회에 부임하였다. 그곳에서 나환자들을 위해 사랑과 헌신적인 목회 생활을 하다가 1940년 9월 25일 일본 신사참배 거부로 여수경찰서에 투옥되었다. 6년간 옥고를 치른 후 1945년 해방을 맞이하여 8월 17일 출옥하였다. 애양원 성산교회에 귀교하여 애양재활병원 원장으로 취임하여 교회와 병원을 위해 목회 사역을 하는 중에 염산교회 부흥사경회 강사로 초빙을 받았다.[40]

염산면은 물론 영광군 전 지역에서 매일 300여 명의 성도들이 좁은 교회당에 모여 큰 은혜를 받았다. 마치 1907년 평양 대부흥의 역사로 온 평양시가 철시를 했던 것처럼 염산지역은 물론 영광군 전체가 성령의 기운으로 가득 찬 역사가 있었다. 이때 모두가 손양원 목사의 절개 있는 일사각오의 신앙에 도전을 받고 신앙 무장을 하

---

39) 염산교회, "염산교회 연혁"《염산교회사》(1997), 3.
40) 이광일,《손양원 목사의 생애와 사상》(글로리아, 1995), 59

는 기회가 되었다.

그러나 세 달 후인 1948년 9월 여순반란사건이 일어나 두 아들 장남 동인과 차남 동신이 먼저 순교하여 하나님의 품에 안기고 아들들을 죽인 안재선을 그리스도의 사랑으로 양아들 삼는 등 몸소 사랑을 실천하는 삶을 살았다. 1950년 6·25 한국전쟁 때 모교에서 끝까지 남아 목회를 하다가 1950년 9월 13일 공산군에 투옥되어 9월 28일 여수시 미평동에서 순교했다.

솔로몬의 부귀와 지혜보다 욥의 고난과 인내를 더 고귀하게 여겼던 손양원 목사의 깊은 신앙심과 끝없는 사랑은 염산교회 성도들에게 큰 귀감이 되었다. 손양원 목사의 사랑과 신앙을 기리기 위하여 세워진 순교기념관에는 성화 7점, 사진 액자 98점, 옥중 편지 8점, 기타 유품 5종 등 100여 점이 소장 전시되어 있다. 이것을 보면 오랜 투옥 생활 속에서도 굴하지 아니한 절개 있는 그의 신앙이 엿보인다.

2년 후에 있게 될 한국전쟁에서의 순교를 위해서 하나님이 손양원 목사를 염산교회에 보내 미리 준비케 하신 것은 아닌지 하는 생각이 들 정도로 당시에 부흥사경회는 한결같이 일사각오 신앙을 외치는 내용으로 진행되었다. 죽음을 두려워하지 않는 담대한 신앙 무장으로 주변에 준동한 좌익세력과 악한 무리들과의 영적 싸움을 치르다가 숭고한 순교를 하게 되었다.[41]

손양원 목사의 대부흥사경회를 통해서 교인들은 어떤 공산세력 앞에서도 굴하지 않는 진짜 일사각오의 순교적 신앙으로 무장하게 되었다고 증언하고 있다.

---

41) 이광일, 《손양원 목사의 생애와 사상》(글로리아, 1995), 61.

2) 제2대 교역자 원창권 목사의 사임 사건

당시 한국 유일의 평양신학교를 나온 원창권 목사가 1946년 4월 9일부터 영광읍교회를 시무하던 중에 1947년 10월 4일 염산교회로 부임하였다. 1948년 4월 7일 예배당 헌당 및 원창권 목사 위임예식을 하면서 지금까지 수고한 허상 전도사가 은퇴하고 장로로 장립을 받았다. 이때 교회는 허상 장로를 위해 집을 짓고 논을 사 주었다. 염산교회는 새롭게 조직된 새로운 모습과 진용을 갖추고 새롭게 도약하는 교회로 지역의 가장 중심에 우뚝 서서 구원의 등대로서의 역할을 하며 부흥 성장하였다.

당시 염산면사무소와 경찰지서와 농협 창고와 버스정류소와 배 선착장 등 행정과 경제와 교통의 중심지였던 설도항은 여객선과 어선들과 차량들이 끊임없이 드나들며 수많은 사람들이 사철 왕래하는 곳이었다. 이러한 설도항 중심 높은 곳에 자리잡은 염산교회는 단연 구원의 복음을 활발하게 전하는 전진기지와 등대의 역할을 하였다.

그러나 원창권 목사는 장남 원효섭이 헌병장교로 헌병대에서 근무하고 있었고 철저한 반공교육을 젊은 교인들과 청년들에게 시키고 있었기 때문에 당시 염산지역의 가장 막강한 세력으로 활동하고 있었던 지역 공산주의자들과 좌익세력의 표적이 되어 위협을 당하고 있었다. 염산교회를 떠나지 않으면 가족과 교인들을 죽이겠다는 협박을 받고 있던 중에 염산교회에 다니던 한 교인이 밤길에 공산유격대원들에게 죽임을 당하고 말았다.

이 사건으로 인해 원창권 목사는 1949년 2월 10일 염산교회 담임목사직을 사임하였다.[42] 염산교회 사임 이유는 순전히 유격대원들 때문이었다. 유격대로부터 교회와 교인들의 생명을 지키기 위하여 궁여지책으로 어쩔 수 없이 이사를 했던 것이다.

원창권 목사는 임지가 없는데도 교인들에게 더 이상 피해를 주지 않기 위해 영광읍으로 무조건 이사를 했다. 그러는 중에 전쟁을 만나 영광읍교회 조희 권사의 다락방에 피신을 하고 광주로 가는 통로인 밀재 근처에서 만삭이었던 사모와 함께 순교하였다. 수복이 되어 헌병장교로 돌아온 아들 원효섭이 가족들의 시신을 찾으려고 노력한 끝에 모친은 찾았지만 부친은 끝내 찾지 못했다. 당시 영광읍교회를 시무하였던 박요한 목사는 이렇게 증언하고 있다.[43]

> 원 목사님은 가족을 데리고 광주로 피난 가시다가 폭도들에게 묘량에서 붙잡혀 순교하셨습니다. 임신 중인 원 목사님의 사모님과 아들도 순교했습니다. 나중에 원 목사님의 큰아들 효섭이 국군 헌병이 되어 가족의 시신을 찾으려고 노력하여 모친은 찾았으나 부친인 원 목사님은 찾지 못했다고 들었습니다.

---

42) 영광대교회,《은혜의 강물》(가리온 해피데이, 2009), 244.
43) 박요한 증언(당시 영광읍교회 목사, 증경총회장, 서울 상계동, 2009. 10. 16).

5. 순교자 발생의 시대적 원인

염산지역을 포함한 순교자 발생의 시대적인 학살 원인에 대해서는 대체적으로 다음과 같이 알려져 있다.

전남일보 광주전남현대사 기획위원회에서 펴낸《광주전남근현대사》는 영광군의 대학살 배경을 이렇게 설명하고 있다.

염산면과 백수면 등 영광군 일대는 간척지와 염전과 넓은 농경지 등의 지리적 조건으로 몇몇의 대지주 아래 수많은 소작농이 벌어먹고 사는 엄격한 계급구조를 갖고 있는 곳이기도 했다. 따라서 지배·피지배, 지주·소작농, 좌·우익 등의 치열한 대립과 갈등은 불가피한 것으로 보기도 했다. 즉 이러한 해석이라면 염산면 기독교인들이 학살당한 것은 지주였거나 지배 계층이었기 때문이라고 생각할 수도 있다. 그러나 앞에서 살펴본 것처럼 염산면 기독교인들은 대지주도 아니었으며 그 지역민들과 마찬가지로 빈농에 속했다.

염산교회 교인들의 학살 원인에 대해서는 "1950년 9월 29일 후퇴했던 국군과 UN군이 영광읍에 진주하였다. 이에 기독교인들과 우익인사들이 환영행진을 하고 만세를 불렀다. 이때 이 일을 염산교회 청년들이 주도하였고 또 봉남리 염산교회 앞 설도 부락에서 다시 만세 집회를 주도하였다. 그래서 미처 후퇴하지 못하고 인근 월암산 골짜기에 숨어 있었던 공산군과 지방 공산군들이 국군을 환영하며 반공에 앞장섰던 기독교 인사에 대한 보복 계획을 추진하게 되었다"고 규명하고 있다.

이를 종합하면 염산면 기독교인들은 남한 군경과 UN군을 구세주로 알고 환영하다가 결국 비인간적인 공산당들에 의해 숭고하게 죽음을 맞이한 것으로 보이지만, 광의적 의미로 염산면 기독교인들의 시대적 학살 원인을 다음과 같이 몇 가지로 정리해 볼 수 있다.[44]

첫째, 공산당은 기독교인들에 대해서 신뢰를 할 수 없었다.

한국전쟁 전까지도 교인들은 양민증이 없이도 어디든지 무사통과할 정도로 신뢰와 믿음이 있었다. 특히 이승만 정부는 기독교인에 대해 매우 관대하였기 때문에 한국전쟁 전에 기독교인들은 친(親)이승만 세력이라고 생각을 했다. 그리고 기독교인들은 어떤 일을 도모할 수 있는 조직과 정보망을 갖추고 있었기 때문에 좌익세력 입장에서는 믿을 수 없었다. 그것은 다음과 같은 증언에서 단적으로 나타난다.

염산교회 교인 가운데 김삼동 집사는 이장을 지낸 적이 있던 사람에게 군복을 빌려주었다가 피살되었다. 이장을 지냈던 사람은 산 속에 피신해 있다가 너무 추워서 김삼동 집사에게 군복을 빌려 입었다. 그 군복은 김삼동 집사가 일제 말기 노무자로 갔을 때 일본 군인들이 입던 것을 가져와서 보관하고 있던 것이었다. 그런데 이장을 지냈던 사람은 죽이지 않고 군복을 빌려준 김삼동 집사만 죽였다. 그것은 기독교인이었기 때문이다.

그리고 기독교인이었지만 죽임을 당하지 않았던 김용시 집사는 몇 번이나 분주소에까지 끌려가서 죽을 고비를 넘겼지만 순간적인

---

[44] 김경학·박정석·염미경·윤정란·표인주,《전쟁과 기억》(한울 아카데미, 2005), 106.

재치 있는 판단으로 이를 벗어날 수 있었다. 그는 분주소 책임자에게 자신의 형제가 남로당원이라고 속였던 것이다. 그리고 풀려난 후에도 생산유격대원들을 위해 돼지를 잡는 등 이들의 환심을 사서 죽음을 피하였다.

즉 당시의 전시 상황에서 이념적인 문제보다는 아군과 적군이라는 개념밖에 없었던 것이다. 그래서 기독교인들은 서로 연락망을 가지고 있었기 때문에 언제 자신들의 적으로 돌변할지 모른다고 여겨 학살했던 것으로 보인다. 결국 기독교인들을 학살한 이유는 친이승만 정부 세력이라고 생각했기 때문이다.

둘째, 염산면의 지리적인 특징으로 인해 좌익세력이 이 지역으로 많이 몰려왔기 때문이다.

맥아더의 인천상륙작전과 함께 낙동강 전선에서 남한군대는 경남 하동, 지리산, 남원, 전주, 계룡산, 광주, 담양, 군산, 공주 등의 진로를 택했기 때문에 영광지역은 고립되어 버렸다. 퇴로를 확보하지 못한 지방 좌익세력은 염산면으로 몰려들었다. 공중에서 유엔군이 뿌리는 포탄으로 인해 퇴로를 확보할 수 없었던 것이다.

염산면은 북한 정치공작원들이 한국전쟁 전에 해안으로 상륙했던 것처럼 해안으로 퇴로를 확보하기가 용이한 지역이었다. 그러나 모든 육상 도주로와 해상 도주로는 그들에게 아무런 도움도 주지 못했다. 이러한 지리적인 특징으로 인해 지방 좌익세력이 염산면에 몰리게 되어 결국 전시 상황에서 생존 본능으로 기독교인들을 비롯한 무고한 민간인들을 학살했던 것이다.[45]

학살할 때 돌로 쳐죽이거나 생매장, 수장, 칼로 죽이는 등의 방법

---

45) 월간조선, 〈월간조선 4월호〉(월간조선사, 2002), 176.

을 사용한 것은 이들에게 적을 죽일 만한 무기가 부족했기 때문이다. <월간조선>에서 인터뷰한 백수읍 대전리에 거주하고 있는 김서용(가명)에 의하면 "인민군이 패퇴한 후 빨치산들에게는 무기가 별로 없었어요. 갓봉에 있는 빨치산 본부에도 따발총하고 소련제 장총 몇 자루, 그게 전부였어요. 정확히 몇 명인지 기억은 못하지만 잔존 빨치산의 숫자도 별로 안 되었어요. 경찰이 우리가 있던 갓봉을 공격해 오면 우리 소년단들이 돌을 굴려서 못 올라오게 하는 역할도 했지요"라는 증언에서도 엿볼 수 있다. 즉 당시 좌익세력이 자신들의 목숨을 보존하기 위해 이러한 방법들을 사용할 수밖에 없었던 것 이다.[46]

셋째, 염산면 지역이 다른 지역에 비해 수복이 늦었기 때문이었다.

당시 남한 군경은 염산면으로 들어오지 않고 나주에서 주둔하고 있었다. 낮에 왔다가 밤에는 나주로 돌아가 버렸다. 이러한 상황에서 유격대원들은 생존을 위해 위험 요소가 될 수 있는 사람의 가족까지 전원 학살해 버렸다. 북한 인민군이 점령했을 때에는 학살자 수가 많지 않았으나 이들이 물러난 후에 학살자 수가 많았던 것은 보복이었다기보다는 남한 군경에게 쫓기고 있는 입장이었기 때문에 생존을 위해 위험요소가 되는 사람의 가족 전원을 몰살했다고 볼 수 있다. 결국 기독교인들뿐 아니라 봉남리 지역민들의 피해가 컸던 것은 수복이 다른 지역보다 늦었기 때문이었다.

---

46) 김경학 · 박정석 · 염미경 · 윤정란 · 표인주,《전쟁과 기억》(한울 아카데미, 2005), 108.

6. 순교자 발생의 직접적 원인

1) 김방호 목사의 담대한 신앙교육

1939년 8월 영광군의 서쪽 해안에 세워진 염산교회는 1950년 3월 10일 경북 경산 출신으로 만주에서 독립운동을 하다가 독립군 군자금 모금을 위해 국내에 들어와 함경도 삼수 갑산에서 부흥회에 참석하여 예수를 믿고 개성 한영서원과 평양신학교를 나온 김방호 목사가 제3대 목사로 부임하였다.

김방호 목사는 당시 염산교회 상황과 담임목사였던 원창권 목사의 사임 사건을 잘 알고 있었다. 그럼에도 불구하고 염산교회에 자원하여 부임한 것이다. 그간의 그의 이력을 통해 그의 행동을 이해할 수 있다.

김방호 목사는 1919년 24세의 나이로 3·1독립만세운동에 가담하였고 만주로 망명을 가서 대한민국 독립을 위해 독립군으로 활동하다가 예수님을 만나 개성의 한영서원에서 윤치호 선생의 민족정신과 기독신앙의 체계적인 교육을 위한 소양교육을 받았다. 충남 서산, 전북 김제, 전남 장성 등지의 학교에서는 교사와 교육자로, 교회에서는 장로와 교회 지도자로 민족정신과 신앙을 가르치며 국민을 교육하고 계몽하는 일에 헌신해왔다.

그러다가 하나님의 부르심을 깨닫고 도대선 선교사의 조수로, 교회 조사로 봉사하며 6년 만에 평양신학교를 졸업하고 전남노회에서 목사 안수를 받고 영광읍교회(현재 영광대교회)에 부임하였다. 그는 신사참배 불참과 거부운동으로 일경에 체포되어 투옥생활을 하면서 목회를 하였다.[47] 신안 비금 덕산교회를 시무하는 동안에도 신사참배를 반대하는 문제로 추방을 당하는 등 항일투쟁에 앞장섰던 경력을 가지고 있었다.

또한 그는 반공주의자로서 성경에 위배되는 공산주의 사상에 대한 분명한 입장을 행동으로, 삶으로 보여주고 있었다. 이것은 그가 영향을 받은 미국 남장로교 선교사들의 칼빈주의적 신학사상과 평양신학교에서의 신학공부와 한영서원에서의 민족정신 교육으로 항일운동을 했던 연장선상에서 이해할 수 있다.

특히 그가 늘 가까이하며 조사로 섬겼던 도대선 선교사는 19세기 미국 칼빈주의 5대 교리를 매우 강조했던 미국 버지니아 주의 유니온 신학교에서 신학수업을 받았을 뿐만 아니라 비슷하게 칼빈주의를 주장한 루이빌 신학교 총장의 딸인 로티를 아내로 맞아 결혼함으로 그의 칼빈 신학은 더욱 견고해졌다고 볼 수 있다.

그의 선교지였던 호남지방에 강력한 교회론과 함께 19세기 미국의 칼빈주의를 심어주었다는 맥락에서 볼 때 김방호 목사의 염산교회 목회를 짐작해 볼 수 있다. 그는 배유지 선교사와 도대선 선교사의 19세기 미국 남장로교의 신학과 사상에 철저하게 영향을 받은 자로, 영감된 성경에 최우위의 권위를 부여하고 설교와 성경공부 중심의 목회를 하였다.

또한 한때 조사로 섬겼던 호남지역 선교의 위대한 공헌자 유진 벨(Bell, Eugene, 裵裕祉, 1868-1925)은 1868년 4월 11일 켄터키 주 스코

---

47) 영광대교회,《은혜의 강물》(가리온 해피데이, 2009), 219.

트 선교구에서 출생했다. 1891년 루이스빌 센트럴 대학을 졸업하고, 1894년 켄터키 신학대학을 졸업했다. 미국 남장로교 선교사로 1895년 4월 9일 부인과 함께 내한했다.[48]

1908년 그의 집 사랑채에서 3명의 여학생을 모아놓고 학교를 시작했다. 이 학교가 오늘의 광주 수피아여학교이며, 남학생을 모아 공부를 가르친 곳은 광주 숭일학교로 발전했다. 광주기독병원 설립에도 산파역을 담당했다. 평양장로회신학교 교수와 조선예수교장로회 제3대 총회장(1914), 전라노회 창립 부회장(1911) 등으로 활동했다.

그가 설립했거나 시무한 교회는 목포 양동교회(1898)와 광주 구소리(九巢里,1899), 송정리(1901), 북문내(1904), 향사리(1908), 일곡(1909), 월성리(1916), 금당리(1917)교회 등이 있다. 그리고 담양 무정(1900) 및 담양읍교회, 해남 우수영(1902) 및 백호(1903)교회, 함평 영흥교회(1903), 장성 소룡(1905) 및 장성읍교회(1912), 나주 상촌교회(1907), 영산포교회(1908), 삼도리(1915) 및 동수리교회(1922), 화순 백암리교회(1920) 등이 있다(자료: 조선예수교장로교회 사기).[49]

그는 호남지방 선교에 헌신하다가 지나친 격무로 건강이 악화되어 1925년 9월 28일 57세로 별세하여 광주 양림동 묘역에 안장되었다. 이곳에는 제암리교회 학살 현장 진상 조사 후 광주로 귀향하다가 병점 건널목에서 열차와 자동차 충돌사고로 1919년 3월 별세한 마가레트(Bell Margarlet W.) 두 번째 부인도 함께 안장되었다.

E. 벨의 딸 샤롯은 성장하여 린턴(Linton, W. A., 仁敦)과 결혼하고, 호남지역 선교사로 40여 년 간 활동했으며, 그 후손들이 유진벨 재

---
48) 안영로,《전라도가 고향이지요》(쿰란출판사, 1998), 130.
49) 김소영,〈대한예수교장로회 총회록 1-7권〉(총회출판사, 1980).

단을 설립, 운영 중에 있다. 유진벨 재단은 북한 결핵 퇴치 사역을 하고 있다.

당시 목포성경고등학교를 다니던 기삼도와 노순기, 노옥기, 노원래, 노용길(광주숭일학교 학생), 안종열(광주성경고등학생) 등 젊은 학생들과 청년들에게 미치는 김방호 목사의 영향은 대단했다. 1950년 봄 성례주일을 앞두고 학습 세례식 문답 공부를 얼마나 철저하게 시켰는지를 알 수 있는 것은 이때 세례를 받은 장병태 성도의 분명한 신앙고백이 입증해 주고 있다.

장병태는 세례를 받은 지 3개월밖에 되지 않았을 때 한국전쟁을 만나 김방호 목사의 가족을 자기 다락방에 숨겨 주었다는 이유로 김방호 목사 가족을 죽인 그들 앞에서 죽임을 당하게 되는 상황에 이르렀다. 살벌한 죽음의 상황 앞에서도 장병태 성도는 그리스도인으로서의 분명한 정체성을 가지고 자기를 죽이려 하는 공산당원들 앞에서 무릎을 꿇고 "주여, 감사합니다. 나도 목사님과 같이 순교할 수 있는 영광을 주시니 감사합니다"라고 두 손을 모으고 기도하였다. 이것을 볼 때 김방호 목사의 신앙교육이 얼마나 철저했는가를 알 수 있다.

염산교회는 김방호 목사의 철저한 신앙교육으로 계속 부흥하는 중이었으나 한국전쟁 발발로 인해 7월 23일 일단 교회는 폐쇄되고 교인들의 가정에서 비밀 예배가 진행되면서 초대교회 지하 교회인 카타콤 생활이 시작되었다. 교회당은 공산당 사무실로, 목사관은 그들의 숙소로 징발당하고 말았다.50) 김방호 목사는 교인들의 피난 주선을 마다하고 어린 자녀들을 데리고 교인들의 가정을 전전하며

---

50) 김정중, 《한국전쟁과 영광지방 순교자현황》(영광군순교기념사업위원회, 1997), 7.

집집마다 심방을 계속하였다.

그러면서 오직 성경과 예수만 의지하고 어떤 환난과 핍박이 와도 끝까지 참을 것을 권면하면서 공산주의 사상은 반기독교적이라고 철저히 신앙교육을 시켰다. 민심을 얻기 위해 호의적으로 접근하는 공산주의자들에게 속아서는 안 된다고 하며, 그들의 허구와 실체의 잔인함을 교육했다. 공산주의에 대해서는 무지했던 많은 사람들이 김방호 목사의 교육을 통해 공산주의에 대해서 경계심을 갖게 되었고, 이것을 알아차린 공산주의자들은 김방호 목사를 죽이기 위해 혈안이 되어 빌미를 찾고 있었다.

김방호 목사는 그동안에 만주와 전국을 다니며 독립운동과 교원생활과 목회생활을 했기 때문에 공산주의와 세계 정세에도 해박한 지식을 가지고 있었다. 그래서 그 누구도 감히 그 앞에 함부로 도전할 수가 없었고 그 주변에는 항상 젊은 청년들과 성도들이 그를 따르고 있었다. 특히 말없이 조용하면서도 분명한 신앙의 모범을 보이며 부인 조력회를 지도하였던 사모의 신앙과 인상을 기억하면서 칭찬하는 증언자들도 많다.

2) 6·29만세 UN군경 환영대회

1950년 9월 28일 서울 수복 이후 영광에 국군과 UN군이 나주와 함평을 거쳐 9월 29일에 영광 읍내로 들어와 영광군청에 태극기를 게양하고 진주한다는 소식이 당시 목포성경고등학교 학생이었던 기삼도에게 전해졌다. 그때 기삼도는 목포성경고등학교 학생으로 한국전쟁을 만나 집에 와 있었다. 이것을 아는 목포지방의 우익 청년들과 반공주의자들을 중심으로 한 목포성경고등학교 학생들이 배를 타고 기삼도에게 정보를 전해왔다.

당시 염산교회 바로 앞 설도 선착장에서 목포는 물론 낙월도, 송이도, 임자도 등 서해 일원의 여러 지방으로 다니는 정기 여객선들이 많이 운행되고 있었다. 그래서 염산에서 목포로 유학을 많이 가기도 했다. 당시 광주와 영광을 거친 육로보다도 바다를 이용한 목포와 염산 간의 정기 여객선을 이용하는 사람이 더 많을 정도였다.

또한 어촌이라는 특성도 있었기 때문에 더욱 그랬다. 실제로 교인들 중에도 광주성경고등학교 학생 안종열과 광주 숭일학교에 다니는 노용길 외에 대부분의 학생들이 목포성경고등학교를 다니고 있었다.

대부분의 도시와 지방마다 국군과 유엔군이 진군해 들어올 때 우익 진영의 사람들이 환영대회를 하였던 것을 볼 수 있는데 영광 지방에서도 환영대회를 주도하며 앞장설 사람들이 필요했다.[51] 그러나 교통과 정보가 차단된 공산 치하 속에서 미리 정보를 받고 준비할 수 있는 곳을 찾기란 쉽지 않았다. 영광지방은 아직도 여전히 공산치하에 있었기 때문이다. 마치 서울 수복을 위해서 인천상륙작전이 필요했던 것처럼 영광군청 수복을 위해서 설도에 상륙해야 했다.

그래서 당시 목포성경고등학교 학생이었던 기삼도 등이 접선되었고 기삼도와 염산교회 청년들이 앞장서서 영광군청을 수복하는 일의 한 부분을 담당하게 되었다. 기삼도를 중심으로 한 노순기 등과 염산교회 청년 회원들은 비밀리에 청년들과 교인들을 불러모아 준비하기 시작했다. 밤새도록 태극기와 환영 플래카드를 만드는 한편

---

51) 김경학 · 박정석 · 염미경 · 윤정란 · 표인주, 《전쟁과 기억》(한울 아카데미, 2005), 106.

주변의 젊은 청년들을 모았다.

김용시 장로의 당시의 증언을 들어보면, 설도 기삼도의 집에 모여 거사를 준비하는 일에 많은 이들이 두려워했지만, 염산교회 청년들과 집사들이 중심이 되어 김방호 목사의 지도 아래 일사분란하게 준비를 했다는 것이다. 소문이 퍼지고 많은 우익청년들까지 가세하여 기독청년들과 우익청년들을 중심으로 만세환영대회가 영광읍 군청 앞에서 성공적으로 열렸다.[52] 이 일을 위해 노병재 집사 등이 적극적으로 후원하여 필요한 경비와 물품들을 제공하였고 교회와 교인들이 십시일반으로 협력하였다.

염산에서 15km 거리인 영광으로 이동하는 일도 쉽지 않았다. 이른 새벽에 밥을 먹고 출발해야 했다. 염산면과 군남면의 경계이며 염산의 관문인 돌팍재를 넘어 군남면 포천을 지나가기 위해서는 많은 위험이 따랐다. 돌팍재는 월암산과 연결된 곳으로서 한국전쟁 발발 이전에도 공산 좌익들이 경찰 트럭을 기습하여 무기를 탈취할 정도로 위험한 곳이다.[53] 그래서 정보가 새어 나가지 않도록 보안에 철저히 신경을 써야 했고 소수보다는 많은 사람들이 함께 움직여야 했다. 그야말로 염산에서 영광군청까지의 이동도 치밀한 작전을 세워 진행하였다. 왜냐하면 아직 완전히 수복되지 않은 상황이었기 때문이다.

호남지방의 서남해안 일원의 많은 인민군들이 불갑면 불갑산, 염산면 월암산, 백수면 갓봉 등에 몰려와 은거하고 있던 때였으므로 더욱 많은 위험을 감수해야 했다. 실제로 무서워서 영광읍에 가

---

52) 김용시 증언(현재 염산제일교회 장로, 염산면 옥실리 신옥, 1999. 5. 28).
53) 김경학 · 박정석 · 염미경 · 윤정란 · 표인주,《전쟁과 기억》(한울 아카데미, 2005), 107.

는 일을 포기하고 숨어버린 마을 사람들도 몇 명 있었다는 증언을 들어 보면 당시의 상황이 그리 쉽지 않았음을 뒷받침해 주고 있다.

그러나 국군이 영광읍에 진군해 들어올 때 숨어 있던 영광읍내의 주민들까지 합세하여 그야말로 대성황을 이루었다. 영광군청에는 태극기가 게양되고 모인 군중들은 서로 부둥켜안고 울면서 통곡을 하기도 했다. 얼마나 기뻤는지 모른다. 염산교회 청년들과 교인들이 태극기를 흔들며 환영하였고, 영광읍에서 염산으로 돌아오는 15km의 신작로 길은 흥분과 감격과 기쁨으로 가득 차고 넘쳤다.

설도에 돌아와서도 그냥 흩어질 수가 없었다. 그래서 설도 선착장 수문 앞에서 모여온 마을 사람들이 가세한 가운데 다시 목이 터지라고 만세를 불렀다.

한편 9·29만세 환영대회를 주도한 기삼도(목포성경고등학교 학생), 노용길(광주숭일학교 학생), 노순기(목포성경고등학교 학생), 노옥기, 노원래 등은 미처 퇴각하지 못하고 월암산을 본거지로 삼고 산속에 은신해 있던 공산군들에게 주동자로 지목을 받고 쫓기는 신세가 되었다.

그 만세 소리는 서해 넘어 섬들에까지 울려퍼졌고 월암산에 숨어 있던 공산주의자들에게까지 메아리 쳤다. 영광읍에서의 대대적인 환영대회 소식은 삽시간에 영광군내 전역에 퍼졌고 당장 수복이 다 되는 듯했다. 그러나 군청에 태극기만 게양되었을 뿐이지 실제로 영광군 어느 곳도 완전히 수복된 곳은 아직 없었다. 이때 이후 영광군내는 낮에는 군경이 지배하고, 밤에는 공산주의자들이 주민들을 괴롭혔다.

제3장

염산교회 77인의 순교자들

1. 제3대 교역자 김방호 목사와 순교
2. 목포성경고등학생 기삼도 청년의 순교
3. 노병재 집사의 3형제 가족의 순교
4. 염산교회 설립자 허상 장로 부부의 순교
5. '우리는 천국 간다' 는 네 소녀의 순교
6. 순교자들의 교회 일지와 명단

1. 제3대 교역자 김방호 목사와 순교

1) 김방호의 청년시절

(1) 3·1독립만세운동과 만주 망명생활

김방호 목사는 1895년 경북 경산에서 출생하였으며, 1919년 3·1 만세운동에 참여한 민족적인 인물이었다. 당시 그와 함께 참여했던 부친은 일제의 총에 맞아 순절하였다. 그후 24세에 만주로 망명하여 독립군 군자금을 모금하기 위해 국내에 잠입하여 활동하던 중 함경도 삼수와 갑산에서 개최한 어느 부흥사경회에 참석하여 감명을 받고 기독교인이 되었다.

1919년 3월 1일 전국적으로 일어난 독립만세 사건은 당시 24세였던 김방호에게는 새로운 세계로의 부름의 사건이었다. 1895년 경상북도 경산읍의 평범하고 단란한 가정에서 태어난 김방호는 경북 경산읍 장날 장터 입구에서 장꾼들에게 태극기를 나누어 주면서 대한독립만세 운동을 주도하고 있었다.[54]

"오늘 2시를 기해 대한독립만세를 부릅시다. 이제 우리도 독립된 나라의 당당한 국민이 됩시다!"

태극기를 하나하나 손에 쥐어 주면서 호소하며 사람들을 모으는데 앞장서고 있었다. 이윽고 약속된 시간이 왔다. 대한독립선언서를 낭독하고 만세를 부르면서 시가행진에 돌입하자마자 군중들은

---

54) 김수진, 《6·25전란의 순교자들》(대한기독교출판사, 1981), 12.

남녀노소를 불문하고 목이 터지도록 외쳐댔다.

"대한독립만세! 대한독립만세!"

경산읍내의 독립만세소리는 천지를 온통 뒤흔들었다. 그러나 일본 경찰과 헌병들은 만세를 부르는 군중들에게 무차별 사격을 가하여 수많은 사람들이 피를 흘리면서 쓰러졌고 그런 중에도 만세 소리는 하늘을 진동했다. 이 만세 사건에 앞장서 함께 주도했던 김방호의 아버지는 경산읍에서 첫 희생자가 되었다. 그의 어머니는 이 사건으로 더욱 무서운 공포 정치 속에서 가혹하게 탄압을 받아 더 이상 견딜 수 없는 상황 속에서 숨을 거두고 말았다. 청년 김방호는 독립된 나라의 영광이 눈앞에 펼쳐질 줄 알았지만 결국 자신은 고아가 되고 말았다.[55]

일본 경찰은 경산읍내 만세 사건의 주동자라 하여 김방호의 집을 몰수하였으므로 청년 김방호는 설 곳이 없이 수배자가 되고 말았다. 김방호는 만세 사건에 참여하였던 몇몇 마을 청년들과 같이 만주로 망명의 길을 택하였다. 그 시대 만주에는 농토를 잃고 고국을 등진 조선 사람들과 독립운동을 위해서 망명해 온 사람들이 많았다. 김방호도 여기에 가담하여 내일의 조국 독립을 위하여 몸 바칠 것을 맹세하였다.

(2) 예수 영접과 소학교 교사생활

김방호는 독립군 군자금을 모금하기 위하여 국경을 넘는 생활을 몇 년째 하던 어느 날 함경도에 도착하였다. 마침 삼수 갑산에 들른 그날 교회에서 부흥사경회를 한다는 소식을 듣고 교회로 찾아갔다.

---

55) 김수진, 《6·25전란의 순교자들》(대한기독교출판사, 1981), 13.

교회란 말은 여러 번 듣긴 했어도 예수를 믿을 결심을 해 본 적이 없었다. 그러나 이날 따라 괴로움을 못 이기던 김방호는 스스로 교회의 문을 열었다. '우리 민족의 설움을 하나님은 알고 계시겠지. 하나님은 우리나라를 독립시켜 주실 것이다' 라는 생각에 몰두하면서 교회 문을 밀고 들어서려는데 단 한 발자국도 들여놓을 수가 없었다.

그러나 조그마한 산골이지만 여기저기 호롱불을 켜들고 모여든 신자들의 모습을 본 김방호는 스스로 용기를 얻었다. 바로 여기에 민족의 소망이 있다는 생각을 갖게 되었다. 신자들로 꽉 메워진 교회당은 추운 겨울이었지만 그렇게 훈훈할 수가 없었다. 강단에 올라선 목사의 이야기가 시작되었다.

"이 민족이 살 수 있는 길은 예수 믿는 길밖에 없습니다."

목사의 호소력 있는 설교는 김방호의 귀에 메아리쳐 왔다. 그리고 여기저기서 이상한 소리가 들려왔다.

"아멘! 아멘! 할렐루야!"

이 소리를 들은 김방호는 더욱 귀담아 들으려고 노력하면서 필기도구를 꺼내 들고 적기 시작하였다. 이어 목사는 출애굽의 역사를 설명하였다.

"여러분! 이스라엘 민족은 430년 동안 애굽에서 노예생활을 하면서 살아왔습니다. 그러나 하나님은 모세를 통해서 이스라엘 백성을 이끌고 애굽을 탈출하게 하고 젖과 꿀이 흐르는 가나안 땅으로 인도해 내셨습니다."

집회가 끝나자 김방호는 목사 앞으로 다가섰다.

"목사님, 감사합니다. 저를 위해 기도해 주십시오. 저는 만주에서 독립운동을 하는 청년인데, 저도 예수 믿고 싶습니다."

이때 강사 목사는 인천에서 일어난 3·1운동으로 남편을 잃고 어린 딸만 데리고 피신해 온 어느 여신도를 소개하였다.

"집사님, 이 청년은 일본 경찰을 피해서 경상도에서 온, 장래가 총망되는 청년입니다. 예수를 믿기로 결심하였으니 이 청년을 위해서 기도해 주시기 바랍니다."

비록 객지였지만 김방호는 이곳에서 고향의 품 같은 야릇한 모성애를 느꼈다. 참으로 감격스러운 한 순간이었다. 이것이 인연이 되어 훗날에 그 집사님의 딸인 김화순과 결혼을 하게 된다.

김방호는 장모의 도움으로 1906년에 미국 선교부에서 세우고 윤치호 선생이 교장으로 있는 개성 '한영서원'에 입학하였다. 그곳에서 학문을 쌓고 졸업한 후 충청남도 한산, 서천, 전라북도 김제를 거쳐 전라남도 장성군에 있는 소룡리교회에서 운영하는 소학교에서 교사로 인재 양성과 발굴에 힘썼다.

그후 그는 도대선 선교사의 조사와 전남 장성군 소룡리교회 장로 등을 지내다 1927년 평양장로회신학교에 입학하여 1933년 28회로 6년 만에 졸업하였다.[56]

2) 염산교회에 부임하기 전의 김방호 목사

(1) 신학 공부와 목사 안수

그는 전남 장성군 소룡리교회 사숙의 교사로 있으면서 교회에서 열심히 봉사하였다. 비록 외지에서 온 사람이었지만 많은 사람들로

---

56) 영광대교회, 《은혜의 강물》(가리온 해피데이, 2009), 229.

부터 신임을 받고 소룡리교회 장로로 선택되었으며, 온 마을뿐만 아니라 전라남도 전 지방에까지 그의 덕망이 좋기로 소문이 났다.

그의 인품과 지도력과 실력을 인정하는 주변의 지인들이 그에게 목회자의 길을 권유했지만 사숙의 교사로 학생들을 가르치는 것으로 만족하며 평범하게 살고자 하였다. 그런데도 하나님은 그를 부르시고 소명의식을 갖게 하시더니 도대선 선교사의 조사로 섬기도록 인도해 주셨다.

그는 낙후되고 버려진 호남지방의 여러 선교지들을 찾아다니며 선교하는 도대선 선교사의 헌신적인 모습에 감동하고, 또한 당시 광주 지방 선교를 담당하고 있었던 배유지, 길변하, 타마자 선교사들과도 관계를 맺으면서 그는 자연스럽게 신학 공부의 길로 인도를 받고 있었다.

1927년 42세에 도대선 선교사의 적극적인 추천으로 평양장로회신학교에 입학하였다. 신학을 공부하는 가운데 한 학기는 신학교에서 공부하고 또 한 학기는 목회자가 없는 교회의 조사로서 교회를 섬기고 봉사하면서 6년 만인 1933년에 48세로 신학교를 졸업하였다. 신학교를 졸업하고 전남노회에서 안수를 받은 김방호는 큰 교회로부터의 청빙도 물리치고 가난한 벽촌 교회만 찾아다녔다.

1920년대 이후부터의 각 지방 담당 선교사를 보면 전주지방은 최의덕, 이눌서, 마로덕, 강운림, 위인사 선교사가 담당하였고, 군산지방은 부위렴, 하위렴 선교사가 담당하였으며, 목포지방은 맹현리, 남대리 선교사가 담당하였다. 그리고 광주지방은 배유지, 도대선, 길변하, 타마자 선교사가 담당하였고, 순천지방은 변요한, 고라복, 안채륜 선교사가 담당하였고, 제주지방은 맹현리, 남대리 선교사와 현지 목사로 이기풍, 윤식명 목사가 담당하였다.

김방호 목사는 호남지방의 많은 선교사들과도 친분을 갖고 교류했다. 《영광대교회 100년사》 214쪽을 보면 "1939년 6월 25일에 제주노회로 이거하기 위해 영광읍교회를 사임하려고 사면서 제출을 하였는데 받지 않기로 하고 이어 7월 9일에 공동치리회로 모여 전임 목사로 모시기로 결의하고 투표를 하니 출석 55인 중 45인이 투표에 참가하여 찬성 42표, 반대 3표로 통과되어 그 다음해인 1940년 1월 7일 김방호 목사 위임예식을 거행했는데 이때의 설교는 고창읍교회 양윤목 목사가, 권면은 광정교회 양응수 목사가 담당하였다"고 기록하고 있는 것을 볼 수 있다.[57]

그는 신학교에 입학하기 이미 오래 전부터 고향 경산과 만주에서의 망명생활과 독립운동을 통해 지도자로 훈련을 받았고, 개성의 한영서원에서 윤치호 선생을 만나 민족정신으로 무장하였으며, 호남지방 선교를 위해 미국에서 내한한 도대선 선교사의 지도와 훈련 과정을 통해 목회자로서의 교양과 정신을 갖추어 왔다. 그리고 평양신학교에서 공부하고 교회에서 봉사하며 목회 현장에서 강한 훈련을 받음으로 목사안수를 받기 전부터 이미 하나님의 치밀한 계획 속에서 준비되어 온 목사였다.

(2) 영광 영광읍교회 목회

1933년 8월 23일 김방호 목사는 1905년 5월 7일 배유지 선교사의 전도로 최봉륜 씨 댁에서 설립되어 변창연, 이계수, 이경필, 최흥종 조사 등이 시무했던 영광읍교회의 임시목사로 부임하였다. 그

---

57) 영광대교회, 《은혜의 강물》(가리온 해피데이, 2009), 214.

리고 부흥 성장하던 중에 늘어나는 교세 확장과 부인조력회(여전도회) 관리를 위하여 1934년 7월 8일 이정희 여전도사를 모시게 되었다.

1936년 5월 18일 오전 11시 45분 교회 부설 유치원의 내부 수리를 하는 동안 임시 교육 장소로 사용하던 예배당이 폭풍으로 인하여 붕괴되었다. 이때 유치원생 6명이 숨지고 10여 명이 부상을 입는 참사가 발생하여 큰 곤욕을 치르기도 했지만 지혜롭고 원만하게 마무리를 하였다.

특히 영광읍교회를 시무하는 동안 전국적으로 몰아닥친 신사참배문제가 부임한 지 2년 뒤인 1935년에 더욱 강화되면서 평양의 기독교계 학교들이 자진 폐교하는 일이 벌어졌다. 기독교 학교에서는 신사참배가 국민의례가 아닌 종교의식이라고 반대하자 일본은 더욱 강경하게 나왔고, 이에 따라 평양의 숭실학교, 숭의학교 등이 1935년 10월에 문을 닫았다. 그리고 교회에 대해서도 회유와 협박과 압박을 가하여 1938년 9월 9일 평양 서문밖교회에서 모인 제27회 장로회 총회에서 193명의 총대들 사이에 일본 경찰 97명이 끼어 앉아 감시하는 가운데 친일파 목사들에 의해 신사참배는 종교의식이 아닌 국민의례에 불과하므로 교회가 실시해도 좋다는 결의를 하고 말았다.

그러나 영광보통학교(현 영광초등학교) 뒤 관람산에 세워진 신사에 참배하는 문제에 대해 김방호 목사를 중심으로 한 교인들이 적극적으로 반대 결의를 굳게 다져가는 가운데, 신사참배를 하지 않는다는 이유로 1940년 당시 교회 지도자인 편진옥 장로, 노동악 집사 등과 함께 일본 경찰에 체포되어 투옥되기도 했다(영광대교회 100년사, 219쪽). 그럼에도 굴하지 않고 신앙의 절개를 지켜 10여일 만에 석

방되었고 교회는 신사참배에 대해서 완전한 승리를 거두었다. 김방호 목사는 일경들에게까지도 함부로 할 수 없는 절개와 담력이 넘치는 신앙의 모범이요 성자라고 인정받을 정도였다.

그러나 그는 1940년 1월 7일 목사 위임식을 했지만 1941년 초에 교회를 사임하였다.

(3) 신안 비금 덕산교회 목회

1941년에 신안 비금 덕산교회의 청빙을 받고 목포항에서 발동선으로 4시간쯤 서해 쪽으로 가는 비금도 덕산교회에서의 목회를 하게 되었다.[58]

1908년 3월 신안군 비금도 덕산에 세워진 덕산교회는 미국 남장로교 선교사 맹현리(H. D. McCallie)에 의해서 세워진 비금도의 대표적인 교회였다.

그런데 일제가 덕산리 선왕산에 일본군 1개 연대를 진주시키고 또 덕산리 한사부락에 있는 한림서원(翰林書院)을 징발하여 교실은 훈련소 행정 사무실로, 운동장은 훈련장으로 만들고 매일같이 허수아비를 만들어 놓고 칼로 찔러 죽이는 훈련을 자행하였다. 여기에 서해에서는 일본 군함과 미국 비행기가 서로 싸우고 있었다. 밤만 되면 혹시 미국 비행기가 폭격을 하지 않을까 걱정하는 주민들 중 일부는 육지로 이사를 가는 일도 있었다.

여기에 비금이 군사 기지화되면서 비금 덕산교회의 여자 교인들 자리를 막아 통신부대가 사용한다면서 일부를 징발하고 나섰다. 더욱이 비금도에서도 지원병을 모집하고 여성들은 온갖 감언이설로

---

58) 신안 비금 덕산교회, 〈요람〉(비금덕산교회, 2009).

'근로정신대'란 미명하에 일본군 위안부로 끌고 가는 것이었다.

비금초등학교에는 신사(神祠)를 만들어 놓고 매일같이 학생들에게 참배케 하였으며, 또 비금면 주민들에게는 면사무소 건너편에 있는 야산에 비금신사(飛禽神祠, 현 갈보리교회)를 개설해 놓고 매월 1일과 15일을 참배일로 정하여 참배케 했다. 목회자들은 강제로 축출당했으며, 이때 김방호 목사도 비금도를 떠나야 했다.

그후 해방을 맞이하여 그동안 일제의 압력에 의해 문을 닫았던 비금도의 7개 교회가 문을 열고, 같은 교회 장로인 김인환 장로와 김영욱 장로 등이 재건에 앞장을 서기도 하였다.

(4) 나주 상촌교회와 영산포교회 목회

현재 나주시 반남면 상계리 16번지에 자리하고 있는 나주 상촌교회는 1907년에, 현재 나주시 영산동 109번지에 세워진 영산포교회는 1908년에 각각 유진 벨 선교사에 의해 세워졌다.[59]

호남지역 선교의 위대한 공헌자 유진 벨(Bell, Eugene, 裴裕祉, 1868-1925)은 1868년 4월 11일 켄터키 주 스코트 선교구에서 출생했다. 1891년 루이스빌 센트럴 대학 졸업 후 1894년 켄터키 신학대학을 졸업했다. 미국 남장로교 선교사로 1895년 4월 9일 부인과 함께 내한 했다.

1908년 그의 집 사랑채에서 3명의 여학생을 모아놓고 시작한 이 학교가 광주에 있는 오늘의 수피아여자중·고등학교이다. 또 남학생을 모아 공부를 가르친 곳은 숭일학교로 발전했고, 광주 기독병원 설립에도 산파 역할을 담당했으며, 평양장로회신학교 교수와 조

---

[59] 나주상촌교회, 〈요람〉(나주상촌교회, 2009).

선예수교장로회 제3대 총회장(1914), 전라노회 창립 부회장(1911) 등으로 활동했다.

그가 설립했거나 시무한 교회는 목포의 양동교회(1898)와 광주의 구소리교회(1899), 송정리교회(1901), 북문내교회(1904), 향사리교회(1908), 일곡교회(1909), 월성리교회(1916), 금당리교회(1917) 그리고 담양의 무정교회(1900) 및 담양읍교회, 해남 우수영교회(1902) 및 백호교회(1903), 함평 영흥교회(1903), 장성 소룡교회(1905) 및 장성읍교회(1912), 나주 상촌교회(1907), 삼도리교회(1915) 및 동수리교회(1922), 화순 백암리교회(1920) 등 헤아릴 수 없이 많다.

이렇게 유진 벨 선교사에 의해 세워진 호남지방 초대교회 중의 하나인 나주 상촌교회와 영산포교회를 해방된 1945년부터 1949년까지 목회하다가 1950년 3월 10일 염산교회로 부임하였다.

3) 김방호 목사의 순교

(1) 김방호 목사의 부임

1950년 3월 10일 김방호 목사는 외딴 영광군 염산면 봉남리 조그마한 어촌 마을인 염산교회에 부임하였다. 그런데 이곳이 바로 민족의 지도자 김방호 목사의 순교 현장이 될 줄 누가 알았겠는가?

당시 염산교회는 전임 목회자인 원창권 목사가 공산 좌익들에게 쫓겨 나갔다는 소문이 파다하였으므로 목회자들의 사이에서도 그 누가 부임할 생각을 감히 하지 못했다.

당시 염산 지역을 사실상 장악하고 있었던 좌익세력의 활동으로 지역 사람들은 두려워 떨고 있었고 더욱이 염산교회 담임 원창권 목사가 그들에 의해 교회를 사임하였기 때문에 그 누구도 염산교회에 오려고 하는 목회자가 없었다. 이렇게 1년여 기간 동안 목회자 없이 지역에 준동한 좌익세력과 악한 영적 세력들과 힘겨운 대립을 하고 있던 염산교회에 부임한 인물이 김방호 목사였다.[60]

그는 1933년 8월 23일부터 1941년까지 8년 동안 영광읍교회를 시무했었기 때문에 영광군 지역과 염산교회에 대해서 그 누구보다도 잘 알고 있었다. 그럼에도 염산교회에 부임한 것을 보면 그의 용기와 담대함이 얼마나 대단했는지를 짐작해 볼 수 있다.

1895년 경북 경산에서 출생한 그는 1919년 3·1만세운동에 참여한 민족적인 인물이었다. 당시 그와 함께 참여했던 부친은 일제의 총에 맞아 순절하였다. 그후 24세에 만주로 망명하여 독립군 군자금을 마련하기 위해 국내에 잠입하여 활동하던 중 함경도 삼수와 갑산에서 개최된 어느 부흥사경회에 참석하여 감명을 받고 기독교인이 되었다. 그후 개성읍에 소재하고 있는 한영서원을 졸업, 충남 서천군 한산, 전북 김제, 전남 장성 등지에 있는 사숙에서 교원으로 재직하였다.

도대선 선교사의 조사, 전남 장성군 소룡리교회 장로 등을 지내다 1927년 평양장로회신학교에 입학, 1933년 28회로 졸업하였다. 졸업 후 전남노회에서 목사 안수를 받고 전남 영광군 영광읍교회로 부임하였다. 1942년 전남 신안군 비금면 덕산교회로 부임하여 시무했으며, 그후 전남 나주군 상촌교회와 영산포교회에서 전임으로 목회 하였다. 이러한 이력을 가진 그가 염산교회에 부임한 것은 1950년 3월 10일이었다.

---

60) 영광읍교회,《영광읍교회 90년사》(반석디자인, 1995), 53.

(2) 전쟁 중의 지하교회 목회와 골방생활

① 장병태 성도의 모험적인 헌신

1950년 6월 25일 한국전쟁이 발발한 지 약 한 달 만인 7월 23일 북한 공산군이 염산교회에 들이닥쳤다. 주일 밤 집회를 시작하려고 종을 치러 나간 사모는 끝내 종을 치지 못하고 눈물을 흘리며 돌아와서 말했다. 예배당 앞에 총을 든 공산군들이 지키고 있는데 종을 치려는 것을 저지해서 울며 돌아왔다는 것이다.

심상치 않은 정세를 직감한 김 목사는 올 것이 왔다는 듯이 각오하고 교회당으로 갔으나 공산군이 굳게 문을 잠그고 버티고 서 있었다. 백발이 성성한 65세 할아버지의 애절한 소원과 호통을 들을 리가 만무했다. 예배당을 그들의 거처로 삼기 위해 이미 점령해 버린 것이다. 어쩔 수 없이 사택에서 목사의 가족과 몇 명의 교인들이 모여 긴장된 가운데 주일 밤 예배를 드렸다.

그날은 서울에서 신학교를 다니다 피난을 온 현, 정, 그리고 목포에서 사범학교를 다니다 올라온 전, 완, 그리고 초등학교에 다니던 선우, 손녀 연경이까지 사택에 둘러앉아 예배를 드렸다.[61]

그러나 공산군은 사택까지 점령하여 미군 앞잡이 목사라는 죄목으로 길거리로 쫓아내고 말았다. 이때 갑작스런 전쟁의 공포가 온 마을을 휩쓸었고 모두 불안해 하는 가운데 당황하며 어찌할 바를 모르고 우왕좌왕하였다.

극심한 박해 속에서도 안정된 거처를 찾지 못하고 어지러운 상황 속에서도 김방호 목사는 성도의 가정을 찾아다니면서 예배를 드

---

[61] 임삼순 증언(염산교회 권사, 염산면 봉남리 설도, 1999. 5. 28).

렸다. 그러나 주변 사정이 살벌하여 더 이상 예배를 드릴 수 없게 되었을 무렵에 옥실리에 사는 장병태 성도가 목사의 사정을 딱하게 여기고 그를 찾아왔다. 자기 집에 와 계시면서 예배를 드리라는 말에 김 목사는 울컥 눈물이 북받쳤다. 그는 이제 예수를 믿은 지 얼마 안 되었고 더더욱 지난 부활절에 세례를 받은 성도이기 때문에 더욱 감격스러웠다.

김 목사는 이를 하나님의 뜻으로 알고 장병태 성도의 집으로 이사하였다. 그리고 거기서 가정 제단을 쌓았다. 그러나 8명의 전 가족이 장병태 성도의 가정에 함께 피신해 있기란 쉬운 일이 아니었다. 그래서 4명의 아들들 곧 현, 정, 전, 완이는 김덕춘 집사와 김용시 집사의 골방으로 피신을 하였다.

1950년 10월 27일 장병태 성도의 마당에서 공산당원들은 김방호 목사의 가족 8명을 몽둥이로 때려서 죽이고, 장병태 성도도 김방호 목사의 가족을 다락방에 숨겨 주었다는 이유로 그 자리에서 죽이려는 상황에 이르렀다. 장병태 성도는 공산당원들에게 맞아가면서 "주여, 감사합니다. 저도 목사님과 같이 순교할 수 있는 영광을 주시니 감사합니다"라고 두 손을 모아 무릎 꿇고 기도함으로 분명한 신앙고백을 하였다.

장병태 성도는 세례를 받은 지 약 3개월 정도밖에 되지 않은 때에 한국전쟁을 만나 김방호 목사의 가족을 자신의 집 다락방에 숨겨주었다. 죽음이 엄습한 살벌한 상황 속에서도 그는 그리스도인으로서의 분명한 정체성을 가지고 있었던 것이다. 또한 김방호 목사의 신앙교육도 얼마나 철저했는가를 알 수 있는 대목이다.[62]

---

[62] 김수진, 《6·25전란의 순교자들》(대한기독교출판사, 1981), 22.

1950년 봄 성례주일을 앞두고 학습, 세례식 문답 공부를 할 때 김방호 목사는 교사로서의 기질을 가지고 매우 철저히 교육시켰다는 것을 김용시 장로 등의 증언이 뒷받침해 준다. 학습, 세례 문답 공부를 얼마나 철저하게 시켰는지를, 이때 세례 받은 지 3개월밖에 안 된 장병태 성도의 분명한 신앙고백이 입증해 주고 있다.[63]
  장병태 성도의 죽음을 두려워하지 않는 용기 있고 담대한 신앙은 많은 신앙인들에게 귀감이 되고 있다.

  ② 김덕춘 집사와 김용시 장로의 모험과 골방
  김용시 장로의 부친 김덕춘 집사의 모험과 결단은 신앙의 진모를 보여주기에 충분했다. 당시의 골방이 지금도 그대로 사용되고 있는데, 안방을 지나갈 수 있도록 구조되어 있고 장롱을 배치함으로 그 누구도 쉽게 알아차릴 수 없는 위치에 있었다. 그래서 김용시 장로가 대소변을 받아서 처리해야 했다. 부엌으로 통하는 문 앞에 샘이 하나 있었지만 주변 사람들에게 발견되지 않으려고 함부로 나와서 마음 놓고 세수도 한번 제대로 하지 못했노라고 김용시 장로는 증언하고 있다.[64]
  만약에 발견되면 김용시 장로의 전 가족도 피해를 볼 수밖에 없는 살벌한 상황이 계속되고 있었다. 결국엔 10월 26일 김방호 목사의 4명의 아들들도 발견되어 목사와 함께 죽임을 당했다.
  김용시 장로도 김방호 목사의 전 가족이 순교한 후에 공산당원들에게 붙잡혀 설도 수문 앞의 분주소에 여러 차례 끌려가 많은 매

---
63) 김용시 증언(현재 염산제일교회 장로, 염산면 옥실리 신옥 1999. 5. 28).
64) 김용시 증언(현재 염산제일교회 장로, 염산면 옥실리 신옥 1999. 5. 28).

를 맞으며 고문을 당했다. 창고 감옥에 감금되어 죽기 직전까지 간 상황에 급하게 퇴각 준비를 하느라 미처 처형하지 못하는 틈을 이용하여 피신해 살아남았다. 그후 염산교회 순교의 산 증인으로서 교회에서 봉사하며 1954년 7월 18일 염산 지역민 교육을 위한 대한예수교장로회 염산교회 대한소년성경구락부를 개설하는 일에 주역으로 역할을 하였고, 실제 교사로 봉직하였다.

당시의 성경구락부에 대해 간단하게 언급하면 다음과 같다.[65]

1926년 11월 1일 일본인들에 의해 세워진 염산공립보통학교가 염산국민학교로 1945년 4월 1일 개칭하여 개교한 유일한 학교였으나 6·25 한국전쟁으로 인하여 1950년 7월 23일 교사가 전소되고 보존문서도 전부 소실되어 버렸다. 그후 1951년 2월 1일 군경이 들어와 수복됨으로 개교하였으나 많은 아이들이 학교를 다니지 못하는 안타까운 현실 속에 있었다.

이런 상황에서 염산교회는 지역 복음화와 나라와 민족의 근대화와 문맹 퇴치를 위해서 경제적 어려움 때문에 학교를 다니지 못하는 지역의 어린이들과 청소년들을 교육하는 일이 시급함을 공감하였다. 교회가 이 일을 감당함으로 지역을 복음화하고, 또한 우리나라의 근대화를 앞당기고 축복받는 하나님의 백성이 되도록 하자는 데 의견이 모아졌다.

1951년 8월 20일 광주 수피아여학교 교장 유화례 선교사의 특별위안사경회가 있었다. 그 이후로 유화례 선교사는 계속적인 관심으로 매년 여름과 겨울 방학 때마다 찾아와 학교에 대한 비전을 심어주었다. 그 영향을 받은 당시 담임목사인 제5대 오창흠 목사는 결

---

[65] 염산교회, "염산교회 연혁"(염산교회사, 1997), 30.

단하여 1953년 5월 24일 목재 함석으로 지어 입당한 32평의 예배당에서 성경구락부 초등부 과정을 개설하였다.

나이와 연령에 상관없이 모든 어린이, 청소년을 대상으로 1954년 7월 18일 대한예수교장로회 염산교회 대한소년성경구락부 초등부 과정을 개설하여 염산면 일대의 어린이, 청소년은 물론 20세 전후의 청년들까지 150여 명을 모집하여 교육하는 가운데 염산 지역민 근대화 교육의 요람이 되었다.

과목은 국어, 산수, 사회, 과학, 음악, 미술, 성경, 도덕 등을 가르쳤으며 교사인 김영배 장로는 1-2학년, 김용시 장로는 3-4학년, 최효진 집사는 5-6학년을 가르쳤다. 임순남(광주성모원 원장) 교사는 유치부 및 특별반과 기타 예능 과목을 가르쳤다. 당시 교사 월급으로 일금 3,000원과 식량 1말씩을 교회에서 부담하여 제공하였다.[66]

그런데 계속해서 몰려드는 학생들 때문에 교육 장소가 부족하여 개설 2년 후인 1955년 4월 26일에 성경구락부 교육관 25평 건물을 건축하기에 이르렀다. 여기에 초등부 과정을 이수한 학생들의 계속적인 진학의 필요성을 인식하고 중등부 과정반을 개설하여 꾸준히 발전해 나갔다.

그러나 나라의 교육 근대화 정책의 일환으로, 염산지역의 고등교육기관으로 양일 마을에 염산 출신이며 군 장교 출신인 탁연택 장로 부친의 아호를 따라 천보고등공민학교가 세워지면서 성경구락부 학생들을 천보고등공민학교로 전학시키고 교회는 교회로서의 복음 전파에만 몰두하게 된다.

김용시 장로는 이런 역사적인 현장의 주인공으로, 산 증인으로

---

66) 염산교회, "염산교회 연혁"(염산교회사, 1997), 30.

오늘날까지 살아서 생생한 증언을 하며 큰 역할을 하고 있다. 아울러 당시의 순교사화를 사실대로 바르게 정리하여 후세와 교회에 널리 알리기 위해 열과 성을 다해 동분서주하고 있다. 현재는 염산제일교회를 섬기면서 과거 염산교회 시절에 함께 신앙생활을 하다가 먼저 하늘나라로 간 순교자들을 기리며 그 후손들에 대해서도 많은 관심을 갖고 염산교회 순교기념사업을 위해서 물심양면의 지원을 아끼지 않고 있다.

(3) 피신의 기회를 거부하는 김방호 목사

어느 날 밤중에 김동근 장로와 김형호 집사 부자가 달려왔다.[67]

"목사님, 지금 목선을 준비했으니 빨리 목포에 있는 큰아들 휼 선생에게나 그렇지 않으면 비금에 있는 김 익 전도사님이 있는 곳으로 피난 가셔야 합니다. 그렇지 않으면 생명이 위험합니다."

공산당원들이 기독교 신자나 염산교회 청년들을 잡으려고 혈안이 되어 있을 때였다.

"장로님의 말씀, 그리고 이 어려운 시기에 배를 준비하신 것 참으로 감사합니다……그러나 교회는 문이 닫힌 지 이미 오래되었고 그것을 보고 나만 살겠다고 어떻게 피난을 가겠습니까? 우리 예수님은 나 같은 사람을 대신해서 십자가 위에서 피를 흘리지 않았습니까? 그리고 교인들은 산산이 흩어져 버렸는데, 나만 살겠다고 이대로 떠날 수는 없습니다."

김동근 장로와 김형호 집사는 바로 주위를 살피며 엿듣는 사람이 있지 않은가 가슴을 조이면서 목사에게 애원하였지만 막무가내

---
67) 안영로, 《메마른 땅에 단비가 되어》(쿰란출판사, 1994), 269.

였다. 목사의 뜻을 알게 된 김동근 장로와 김형호 집사는 하는 수 없이 물러날 수밖에 없었다.

영광지방에서는 9월 28일 서울이 수복된 사실도 모르고 당시까지 많은 사람들이 공산적치 시대로 알고 있었다. 그것도 그럴 것이 남쪽에서 국군에게 쫓긴 공산군들은 북으로 퇴각하지 못하고 영광지방에 집결되었기에 모든 군민들은 수복도 까맣게 모르고 있었다.

(4) 가족 8명과 함께 순교한 김방호 목사

9·28수복이 된 지 거의 한 달쯤 되었을 무렵인 10월 27일에 김방호 목사가 살고 있는 장병태 성도의 집에 공산군이 쳐들어왔다. 그리고는 김 목사의 가족 전원을 마당에 불러 모았다. 김방호 목사, 김화순 사모, 자녀들인 현, 정, 전, 완, 선웅, 손녀 연경 모두를 앞마당에 세워놓고 살기에 가득 찬 목소리로 장작을 휘둘렀다. 한 공산군은 김 목사의 자녀들에게 가까이 다가서더니 이렇게 말했다.[68]

"이제 너희들이 민족의 반역자인 반동분자, 미군 앞잡이 김방호 아버지 동무를 이 장작으로 때려죽이면 너희들만은 살려준다."

야만스런 명령이 떨어졌다. 그러나 이 말에 동할 자녀가 어디 있겠는가. 그때 현이는 공산군을 저주하기보다는 마음을 가다듬고 침착하게 하늘을 올려다보고는 말문을 열었다.

"주님, 주님, 하나님의 뜻이면 순교의 영광을 주옵소서. 아멘."

공산군들은 아버지를 죽일 수 없다고 말하는 자녀들 앞에서 아버지인 김 목사를 마구 때리기 시작했다. 김방호 목사는 그 아픔도 잊은 채 기쁨에 찬 얼굴로 찬송을 불렀다.[69]

---

[68] 안영로, 《메마른 땅에 단비가 되어》(쿰란출판사, 1994), 269.

내 주를 가까이 하게 함은 십자가 짐 같은 고생이나……

아버지가 부르는 찬송을 마당에 둘러서 있는 자녀들도 같이 부르기 시작했다.

내 일생 소원은 늘 찬송하면서 주께 더 나가기 원합니다

피를 토하면서 쓰러진 김 목사가 자녀들에게 외쳤다.
"너희들 절대로 이 사람들을 미워하지 말고 무서워하지도 말아라. 몰라서 그러는 거야!"
김방호 목사는 마지막까지 얼굴 하나 찡그리지 않고 자녀들이 보는 가운데서 영광된 순교의 길을 걸었다. 공산군은 김 목사의 부인 김화순 사모에게 눈길을 돌렸다. 가족들의 입에서는 찬송이 끊이지 않았다.

내 고생하는 것 옛 야곱이 돌베개 베고 잠 같습니다

공산군들은 찬송을 부른다고 소리를 지르면서 네 살 난 손녀 연경이까지 장작으로 때려 죽이고야 말았다. 어처구니없이 당한 참변이었다. 그래도 공산군은 무슨 승리나 했다는 듯이 의기양양하게 기세를 부리고 다시 집주인 장병태 성도를 잡아왔다.

---

69) 노병부 증언(일로제일교회 집사, 전남 무안군 일로읍, 2003. 3. 3).

(5) 장병태 성도의 순교 기도

공산주의자들 앞에 끌려나온 장병태 성도는 무서운 호령에 고개를 들었다. 그의 얼굴에는 두려움이 사라졌다. 마치 승리한 용사처럼 태연하였다. 공산군이 그를 뚫어져라 쳐다보면서 가까이 다가서며 장작으로 옆구리를 치기 시작했다. 그러나 그는 당황하지 않고 큰소리로 부르짖었다.

"하나님, 감사합니다. 저 같은 신도에게도 목사님이 걸어가신 순교의 영광을 주십니까! 감사합니다."

이 소리를 듣고 있던 공산군들은 손에 쥔 장작을 땅에 버리고 서로 말을 주고받았다. "저런 생퉁이 신자를 죽여봐야 우리의 수치니 그만 놔둡시다"라고 하면서 두 사람씩 짝을 지어 성급히 담장 밖으로 나가버렸다.[70]

사실 장병태 성도는 1950년 부활절 무렵에 김방호 목사에게 세례를 받은 초신자나 다름없는 평신도였다. 공산당원들은 그가 교회의 큰 인물이 아니라는 것으로 평가하였고, 또 한 가지는 그의 담대하게 기도하는 모습을 보고 황당함을 느꼈을 것이다. 아무튼 장병태 성도의 이러한 담대한 순교를 각오한 기도는 당시의 많은 사람들에게 회자되었고 성도들에게도 귀감이 되었다. 그후에 그는 모범적인 신앙생활을 하며 집사로서 염산교회를 충성스럽게 섬기다가 하나님의 부르심을 받았다.

---

70) 김수진 · 한인수, 《한국기독교교회사 호남편》(총회출판사, 1979), 359.

2. 목포성경고등학생 기삼도 청년의 순교

염산교회의 수난은 1950년 10월 7일 교회당이 불타면서부터 시작되었다. 9·29만세 환영대회를 주도했던 염산교회 교인 기삼도(목포성경고등학교 학생), 노용길(광주숭일학교 학생), 노순기(목포성경고등학교 학생), 노옥기, 노원래 중에서 기삼도가 제일 먼저 붙잡혔다. 주동자였던 목포성경고등학교 3학년 학생이었던 기삼도는 공산군의 창에 찔려 불타는 교회당 앞에서 맨 먼저 순교하였으며, 염산교회당은 불에 타 잿더미로 변해 버렸다.[71]

유엔군과 국군이 9월 28일 이후 전남 광주에도 진주하여 수복하였지만 영광지방만은 그 다음해인 2월까지도 공산주의자들의 만행이 여전히 자행되고 있었다. 즉 국군이 진주한 지 2주일이 지난 때까지도 공산군의 만행은 여전히 전남 영광지방에서 행해지고 있었던 것이다.[72]

1950년 10월 7일 염산교회 모든 교인들은 하나님의 성전이 공산군들에 의해 불넋타는 것을 보면서 넋놓고 울고 있을 수밖에 없었다. 당시에 16세로 교회당이 보이는 괴머리라는 곳에 살고 있던 안영로 목사는 "엄청난 불길에 교회가 타는 모습을 보면서 우리 어머니와 형님과 셋이 얼마나 엉엉 울었는지 모른다"고 당시의 상황을 현재 세워진 순교 체험관의 전망대에서 설명하였다.

---

71) 염산교회, "염산교회 연혁"(염산교회사, 1997), 3.
72) 김수진,《6.25전란의 순교자들》(대한기독교출판사, 1981), 26.

이때 기삼도 청년은 고향 교회 주위를 맴돌다가 성구를 건져내기 위해 불타는 교회로 뛰어들어갔다가 공산군에게 붙잡혔다. 그리고 불타는 교회 앞뜰에서 독 묻은 죽창과 몽둥이 세례를 받고 숨을 거두었다. 기삼도 학생이 성경고등학교에 다니고 있었지만 목사가 되겠다는 결심을 한 것은 김방호 목사의 영력에 깊은 감화를 받았기 때문이다. 생활의 청빈, 민족을 사랑하는 애국심, 그리고 인생의 목적이 하나님께 영광을 돌리는 일이라는 것을 깊이 깨닫고 그때 역시 꼭 목사가 되기를 소원하고 마음먹고 있었다.

그러나 그는 끝내 목사가 되지 못하고 어린 나이에 하나님의 부르심을 받고 산천초목이 지켜보는 가운데 장엄한 첫 순교자가 되었다. 기삼도를 첫 순교자로 낸 염산교회 교인들은 조금도 두려워하지 않고 오히려 큰 소리로 하나님을 찬양하였다. 기삼도의 죽음은 마치 초대교회 스데반의 순교와도 같았다.

3. 노병재 집사의 3형제 가족의 순교

10월 8일, 기삼도가 순교한 다음날이다. 교회의 수난이 있을 줄 알면서도 피난을 가지 않았던 노병재 집사가 두 번째로 공산군에게 붙잡혔다.

노병재 집사는 나주군 공산면에서 살다가 이곳 설도가 항구로 개항되면서 창고업을 하기 위해서 이사를 왔다. 그는 당시에 대단한 식견과 통솔력이 있는 상인이요 장래가 유망한 기업인으로 지역사회에서 신망이 두터운 사람이었고, 교회에서는 충성스런 기둥같이 쓰임받는 일꾼이었다. 동생들인 노병인, 노병규 등 그의 가족과 많은 형제들을 이곳으로 이사 오게 해서 함께 잘 살아보려고 부지런히 일하며 살아가고 있었다.

김방호 목사를 측근에서 모시는 일에 앞장섰고 정신적으로나 신앙적으로 언제나 젊은 교인들에게 지주적 역할을 하며 섬기는 일에 적극적이었다. 9·29만세 환영대회 때는 사실상의 모든 뒷받침을 감당하기도 하였다. 이 모든 사실이 드러나면서 빌미를 잡은 공산주의자들은 노병재 집사를 필두로 그의 삼형제 가족 22명을 잡아 돌을 매달고 새끼줄로 꽁꽁 묶어 설도 앞바다에 밀어넣어 수장시켰다. 이때는 인민재판도 필요없었다.

닥치는 대로 예수 믿는 사람들을 잡아다 죽인 살인마 공산당은 노병재 집사를 염산교회에서 바로 내려다보이는 바닷가 둑방 옆 수문으로 끌고 갔다. 수문까지 끌려온 노 집사는 살인마 공산군이 손을 대기 전에 새끼줄로 단단히 묶여 있던 손과 발에 힘을 주어 모두 끊어버리고 스스로 바다에 뛰어들었다. 노병재 집사는 바다 물결이 출렁이는 가운데서도 하늘을 쳐다보면서 찬송을 불렀다.[73]

내 주를 가까이 하게 함은 십자가 짐 같은 고생이나
내 일생 소원은 늘 찬송하면서……

바다 물결은 둑방에 부딪히며 철썩거리기 시작하더니 노병재 집사가 뛰어든 즉시 서서히 빠지기 시작했다. 바다 위에 떠있는 노 집사는 입에 바닷물이 들어갈 때마다 내뿜으면서 찬송을 계속 불렀다.

곧바로 노병재 집사의 부인 장일영 집사도 수문 밑에 던져졌다. 66세의 노병재 집사의 어머니 김식산 집사도 피눈물도 없는 공산군들에게 끌려와 아무 저항 없이 하나님의 약속만 바라보면서 조금 전 순교한 아들과 자부의 뒤를 이어 갔다. 또 네 살배기 노병재 집사의 막내아들까지 포함해서 9명이 한꺼번에 죽임을 당하고 말았다.

뿐만 아니라 노병재 집사의 형제였던 노병인 집사 가족 7명과 노병규 집사 가족 6명 등 모두 22명의 한가족이 굴비처럼 새끼줄에 엮이어서 큰 돌에 매달린 채 수문통에 수장되고 말았다.

시체들은 썰물을 따라 바다 위에 떴다 가라앉다를 수없이 반복하다가 하늘과 바다가 닿는 수평선 위에 멈추어 고통도 슬픔도 없는 영원한 하늘나라로 떠나가고 말았다.

---

73) 노병오 증언(염산교회 집사, 염산면 봉남리 설도, 1999. 5. 28).

4. 염산교회 설립자 허상 장로 부부의 순교

10월 13일 평생을 염산교회에서 전도사로 시무하다가 은퇴하여 장로로 장립받은 허상 장로와 부인 이순심 집사도 순교하였다. 이미 순교를 각오한 허상 장로 부부는 피난 가는 것을 포기하고 에녹처럼 죽음을 보지 않고 천국에 가기를 원했지만, 공산군들은 조용하게 기도하며 생활하도록 내버려두지 않았다. 어느 날 공산당은 염산면 옥실리 신옥 부락 허상 장로의 집에 들이닥쳤다.

"허상 동무, 오늘 분주소까지 가야 하겠소!"

살기 가득 찬 공산당의 말에 허상 장로는 이미 죽음을 예감하였기에 얼굴에 미소를 지으면서 일어섰다.

"예, 가지요. 젊은이들 참 안됐소. 나 같은 늙은 사람까지 잡아가다니……."

허상 장로는 조금도 당황하지 않고 그들이 하는 대로 순순히 응해 주었다. 그들은 미리 준비해 둔 전선 줄로 허 장로의 두 손을 묶었다. 그 뒤로 부인 이순심 집사가 자진하여 뒤따라가면서 "나도 우리 영감님과 함께 죽여주시오"라고 말하자 같이 묶어서 분주소로 연행해 갔다. 허상 장로는 계속해서 그들을 전도하고자 애를 썼다.

"청년들, 내 형제들! 청년들은 부모도 안 계신가? 그래, 공산당은 부모도 몰라보는가? 이제라도 회개하고 예수를 믿어야 해. 이미 공산당의 세상은 끝났어. 서울과 광주에 국군이 진주하지 않았나? 이제 당신들, 어디로 갈거야?" 하면서 공산군들을 타일렀지만 그들은 오히려 얼굴을 찡그리면서 허상 장로를 협박하였다. 무슨 개소리를 하냐고 하면서 옆에 서있던 공산군 장교가 잽싸게 몽둥이를 집어 허상 장로의 옆구리를 내리쳤다.

허상 장로를 데리고 간 곳은 염산면 봉덕산 밑 골짜기 한시고랑으로서 물 좋고 산 좋은 염산의 젖줄과 같은 곳이며, 여름이면 목욕탕과 빨래터로 사랑받는 곳이었다. 그들은 끌려가면서도 계속해서 기도와 찬송을 하였다.

내 평생 소원 이것뿐 주의 일 하다가
이 세상 이별하는 날 주께로 가리다

매를 맞고 피를 흘리면서 하나도 굴하지 않고 스데반처럼 돌무더기에 쌓여 하나님만 바라보면서 계속해서 기도와 찬송을 하였다.
"이 허상 동무는 교인 가정을 방문하면서 기도하고, 국군이 곧 진주할 터이니 조금만 참고 기다리면 자기들 세상이 올 거라고 말한 악질분자다. 우리는 이런 악질분자를 놔둘 수가 없고 이런 자는 처참하게 죽여야 한다."

그리고는 허상 장로와 그의 부인 이순심 집사의 목에 칼과 대창과 돌을 들어 치기 시작했다. 허상 장로는 계속해서 기도했다.
"하나님, 이 철모르는 형제들을 용서해 주십시오. 그리고 이제 우리 부부는 하나님의 부르심을 받고 주님 곁으로 갑니다. 하나님, 저희들을 받아주소서. 하나님, 감사합니다. 아멘."

이순심 집사도 남편 허상 장로를 따라서 소리를 낸다.
"하나님, 감사합니다. 공산군들을 용서해 주세요."

끝까지 지켜보던 공산당원은 두 늙은 부부의 마지막 죽음을 지켜보면서 예수 믿는 사람의 죽음이 어떤 것인가를 분명하게 보게 되었다.

허상 장로는 1878년 전남 광주에서 출생하였다. 예수 믿기 전까지는 술주정꾼으로 광주에서 소문난 사람이었으며, 얼마나 술을 많이 마셨는지 그만 술독에 올라 코가 딸기코로 변해 버렸다. 그러던 어느 날 친동생 허화준이 신학교를 졸업하고 목사(牧師)가 된다는 소리를 들었다. 그런데 그는 자기 동생이 목사(牧司)가 되는 줄로 착각을 하였던 것이다. 그래서 동생이 고급 관리가 된다는 줄 알고 그 길로 교회를 다니기 시작했는데 그때 그의 나이 39세 였다.

동생을 위해 예수를 믿어 준 것이 신앙의 포로가 되어 그 좋아하던 술과 담배도 끊고 광주 양림교회 집사가 되었고, 또 겨울철에 실시하던 달성경학교에서 성경을 열심히 공부하였다.

1936년 57세의 나이로 영광군 군남면 포천교회 전도인으로 부름을 받고 교회를 섬기기 시작하였다. 15년간 군남 포천교회와 염산교회 전도사로, 장로로 헌신하였으며, 72세 백발의 영광스러운 나이에 염산교회에서 마지막으로 순교하였다. 그의 모습을 기억하는 후예들은 그가 승리의 용사처럼 노병으로 지금도 살아서 강단에서 말씀을 전하고 있다고 증언하고 있다.[74]

아들 허숙일은 후에 목사가 되어 감리교회에서 활동하다가, 1979년 아버지의 뒤를 따라갔고, 손자 허민구 목사도 할아버지의 뒤를 이어 서울 중앙대학교 대학교회를 시무하였다.[75]

---

74) 안종열 증언(광주대인교회 목사, 광주시 남구 백운2동 619-7, 1999. 5. 28).
75) 김용시 증언(현재 염산제일교회 장로, 염산면 옥실리 신옥, 1999. 5. 28).

5. '우리는 천국 간다'는 네 소녀의 순교

김만호 장로와 박귀덕 권사의 딸 4명이 10월 13일 일시에 순교했다. 당시 열다섯 살 큰딸 김옥자와 둘째 금자(11세), 셋째 신자(8세)와 넷째 미자(4세)가 함께 끌려갔다. 이때 인정사정없는 포악무도한 공산 좌익들에게 끌려가는 중에 장녀인 옥자의 등에 업힌 네 살짜리 동생 미자가 무서워서 울음을 터뜨렸다. 그 살벌하고 두려운 상황 속에서도 장녀 옥자는 등에 업혀 있는 동생 미자를 달래면서 이런 고백을 했다[76]

"울지 마라. 우리는 지금 천국 간단다. 우리는 지금 천국에 가고 있단다."

서로를 위로하면서 네 명의 자매는 한날 한시에 설도 수문 앞 바닷물 속에 던져졌다.

이때의 의연한 행동은 천국의 소망을 가진 믿음이 아니고는 도저히 이해할 수 없는 모습이었다. 어린이답지 않게 너무도 어른스런 모습으로 침착하게 기도하며 전혀 두려워하는 기색 없이 순수하게 죽음을 받아들이는 모습에 공산당원들과 이 일에 가담한 좌익세력이 오히려 두려워 떨었다고 한다. 죽음 앞에 당당하고 의연한 모습으로 담대히 맞서는 그들을 지켜보던 한 공산당원이 기도하는 어린 소녀의 목을 일본 대검으로 내리쳤다. 그리고 그들은 유유히 사라져 버렸다.

---

[76] 박귀덕 권사(염산교회 권사, 염산면 봉남리 설도, 1999. 5. 28).

수복이 되어 안종열 전도사를 비롯하여 살아남은 교우들과 마을 사람들이 바닷물이 빠진 어느 날 시신을 수습하는 과정에서 보니 두 자매의 시신은 등에 업힌 채로 갯벌 속에서 발견되었는데 목이 잘려 나간 상태였다. 이때 온 마을 사람들과 교우들이 울면서 염산면 입구인 돌팍재 야산 양지 바른 언덕에 네 구의 시신을 모아 합장묘를 써서 안장하였다.

생시에 자녀들을 가슴에 묻고 상처를 쓸어안고 살다가 2009년 8월 3일 92세로 별세한 박귀덕 권사는, 순교탐방을 오는 사람들에게 "77인의 순교자"라는 영상의 맨 마지막 증언에서 "지그들은 천국가 있을 것이요"라고 말한다. 그는 먼저 보낸 딸들의 모습을 평생 간직하며 그들이 있는 천국에 가서 상면하는 것을 가장 큰 소망으로 여기고 살았다.

여기서 당시의 김방호 목사의 신앙교육의 단면을 또다시 확인할 수가 있다. 앞에서 1950년 봄에 세례를 받은 장병태 성도가 김방호 목사의 가족을 숨겨 줬다는 이유로 죽임을 당하는 순간 공산 좌익들 앞에서 죽음을 두려워하지 않고 오히려 목사님과 함께 순교하는 것을 영광으로 생각하고 "주여, 감사합니다. 저도 목사님이 걸어가신 순교의 영광을 주시니 감사합니다"라고 순교기도를 했던 것처럼, 15세밖에 안 된 어린 소녀 김옥자가 동생들을 거느리고 이렇게 분명한 천국관을 가지고 죽음 앞에서 두려워하지 않고 당당하게 순교할 수 있었던 것은 김방호 목사의 철저한 신앙교육의 결과라고 볼 수 있다.

6. 순교자들의 교회 일지와 명단

1) 순교자들의 교회 일지

(1) 1950년 10월 7일

염산교회 교인 기삼도(목포성경고등학교 학생), 노용길(광주숭일학교 학생), 노순기(목포성경고등학교 학생), 노옥기, 노원래 등 만세 환영대회를 주도했던 청년들이 붙잡혔고, 주동자였던 기삼도는 공산군의 창에 찔려 불타는 교회당 앞에서 맨 먼저 순교하였으며, 염산교회당은 불에 타 잿더미로 변해 버렸다. 이어 나머지 청년들은 새끼줄에 서로 얽혀 매여 돌멩이를 매단 채 수문 앞바다에 수장되었다.[77]

(2) 1950년 10월 8일

노병재 집사와 부인 장일영 집사, 어머니 김식산 집사, 노순기, 옥기, 준오, 무곡, 오차, 육차 등 자녀를 비롯하여 아홉 식구가 모두 수문통 바닷물에 참살되고 노병재의 아우 노병인, 그의 부인 이선임, 자녀 원례, 용길, 용남, 정자, 신자 등 일곱 식구도 함께 목숨을 잃었다. 뿐만 아니라 노병재, 노병인의 동생인 노병규 집사와 부인 박귀임 집사, 자녀 상기, 옥순, 일석, 정남, 옥례 등 일곱 식구도 같은 장소에서 학살되어 수장되었다. 이중에는 어린아이도 포함되어 있었다.

---

77) 염산교회, "염산교회 연혁"(염산교회사, 1997), 33.

(3) 1950년 10월 13일

염산교회 설립자이며 제1대 교역자요 장로인 허상 장로와 부인 이순심 집사는 봉덕산 기슭 한시골이라는 곳으로 끌려가서 돌무더기에 쌓여 스데반처럼 순교하였다. 그밖에 김동곤 장로의 부인 양정자 집사와 자녀 김순임, 순임의 남편 이치연, 김형호 장로의 아들 조남, 김만호 장로의 딸 옥자, 금자, 신자, 미자 등도 "울지 마라, 우리는 천국 간다"고 서로 위로하면서 함께 순교하였다.

(4) 1950년 10월 20일

김삼동, 김동열, 정도애, 김용환, 김춘휘, 전유녀, 김순자, 양사차, 김부옥, 양처녀, 김휘자, 김부자, 배길례, 장대일, 김순애, 장공삼, 김임순, 장안택, 장귀남, 전춘채, 김길순, 전삼차, 전사차, 전오차, 최용진, 최처녀, 최유삼, 최삼녀, 최이남, 최사녀, 최오녀, 최육녀, 조생길, 서소단 등이 수문통 밑 바닷가에서 무참히 살해되어 수장되었다. 여자들의 낭자한 긴 머리카락이 칼에 들지 않으므로 자기의 뒷 머리카락을 들어 올리게 하여 일본 칼로 내리치기도 했다. 그들은 신앙의 정조를 굽히지 않고 모두 의연하게 순교하였다.

(5) 1950년 10월 27일

김방호 목사의 가족은 교인 장병태의 집에서 기거하던 중 10월 27일 공산군의 습격을 받았고 김방호 목사와 부인 김화순, 자녀들과 손자녀 등 여덟 식구가 모두 순교하였다. 당시 목포에 머물던 김 목사의 장남 김 휼(목포사범학교 교사)도 목포형무소에 수감되었다가 역시 공산군에게 처형당하였다. 이로써 염산교회의 전체 교인 3분의 2가 희생되었다. 또한 염산교회 제2대 목사였던 원창권 목사와 그의 가족도 영광에서 순교함으로 염산교회는 제1, 2, 3대 교역자 모두가 77명의 교인들과 함께 [표 2]와 같이 순교하였다.[78]

2) 77인의 순교자 명단

김방호 김화순 김 현 김 정 김 전 김 완 김선웅 김연경 허 상 이순심 김삼동 노병재 장일영 김식산 노순기 노옥기 노준오 노무곡 노오차 노육차 정도례 기삼도 김동춘 노병인 이선님 노원례 노용길 노용남 노정자 노신자 노병규 박귀님 노상기 노옥순 노일석 노경남 양정자 김순님 김조남 이희연 김동열 정도애 김용환 김춘희 김옥자 김금자 김신자 김미자 전유녀 김군자 양사차 김부옥 양처녀 김희자 김부자 배길례 장대일 김순애 장공삼 김임순 장안택 장귀남 전준채 김길순 전삼차 전사차 전오차 최용진 최처녀 최유삼 최삼녀 최이녀 최사녀 최오녀 최육녀 조생길 서소단

---

78) 염산교회, "염산교회 연혁" (염산교회사, 1997), 33.

제4장

77인의 순교가 염산교회에 끼친 영향

1. 농협 창고에서의 첫 예배 재개
2. 김동근 장로, 김형호 집사 부자의 귀환
3. 1951년 감격적인 부활절 예배
4. 김방호 목사의 아들 김익 전도사 부임과 목회
5. 광주 수피아여학교 교장 유화례 선교사 특별위안 부흥사경회
6. 순교자 첫 합동 추모예배
7. 예배당 건축

1. 농협 창고에서의 첫 예배 재개(1951. 2. 24)

1951년 2월 24일, 설도 농협 창고에서 당시 광주성경고등학교 학생이었던 안종열 전도사의 인도로 수복 후 수요일 밤 첫 예배가 시작되었다. 그 동안 지방 좌익과 공산 세력들을 피해 흩어져 있던 몇 사람이 모여 감격스런 예배를 드리고 구사일생으로 살아서 만난 이들은 먼저 순교한 교우들의 이야기를 나누면서 눈물을 흘렸다.

순교자들의 피가 헛되지 않도록 살아남은 몇 사람은 저들의 순교의 신앙을 이어받아 순교의 피와 흔적이 있는 이곳에 아름다운 교회당을 세우고 후세들에게 이 순교의 신앙을 전하자고 다짐하였다.

그후 안종열 전도사는 예배를 인도하며 희생당한 교인들의 시신을 찾아 매장하고 수습하는 일을 하면서 가족을 잃고 실의에 빠져 있는 유족들을 찾아 위로하였다.

교인의 3분의 2가 순교한 염산교회는 마지막까지 비겁하게 살려달라고 애원하는 사람 하나 없이 깨끗하게 77명이 장엄한 순교의 길을 걸어갔다. 김방호 목사는 설교할 때마다 이미 신도들로 하여금 죽음을 준비하라고 이렇게 외쳤다.

> 우리의 상급은 하늘나라에 있습니다. 우리는 다 천국에 우리의 이름이 기록되었고, 우리는 영생할 수 있는 귀한 복음을 받은 사람들입니다. 우리가 비록 세상에서 환난을 당하고 살아가지만 담대하게 살아가야 합니다.

염산교회 교인들은 목사님의 설교 말씀을 마지막까지 기억하며 순교의 길을 걸어간 신앙의 용사들이었다.

영광지방에 국군이 진주하기는 1951년 2월 말경이었다. 공산군들은 마지막까지 교인들을 살해하고 온갖 만행을 저질렀으며 그때의 비극은 형용할 수 없을 정도로 처참했다.

그 해 2월 24일 수요일 밤, 오랜만에 첫 수요일 밤 예배가, 염산교회의 살아남은 몇 사람이 모인 가운데 농협 창고에서 드려졌다. 땅 속에 파묻어 두었던 성경책과 마루, 광, 항아리 속에 숨겨 두었던 찬송가를 꺼내들고 타버린 교회를 바라보면서 창고로 발걸음을 옮기는 성도들은 거룩해 보였다.

그러나 그 자리에 함께해야 할 김방호 목사와 허상 장로의 모습은 끝내 보이지 않았다. 당시 신학생으로 고향에 와 있던 안종열 전도사가 난리 속에서도 가까스로 살아남아서 수요일 밤 예배를 인도하였다. 강단 앞에서 찬송을 인도하던 안종열 전도사의 얼굴에는 힘찬 새출발을 알리는 밝은 표정과 신념이 굳건하게 나타나 있었다.

환난과 핍박 중에도 성도는 신앙 지켰네
이 신앙 생각할 때에 기쁨이 충만하도다
성도의 신앙 따라서 죽도록 충성하겠네

옥중에 매인 성도나 양심은 자유 얻었네
우리도 고난 받으면 죽어도 영광되도다
성도의 신앙 따라서 죽도록 충성하겠네

모여든 성도들이 1절을 부르고 나서 2절을 부르려고 할 때 주위에서 목멘 소리가 들리기 시작했다. 슬픔과 감격이 한꺼번에 몰아닥친 염산교회 교인들에게 눈물이 마를 리 없었다. 여신도들은 옷고름을 끊임없이 눈가로 가져갔고 어떤 여신도들은 치맛자락을 만지작거리면서 눈물에 젖은 손을 닦는 모습도 보였다.

앞에서 찬송을 인도하던 안종열 전도사도 그만 북받쳐 흐르는 눈물을 참지 못하고 울음을 터뜨렸다. 장내는 삽시간에 눈물바다로 변하였고 그래도 찬송 소리는 계속 들려왔다. 눈물을 흘리던 성도들은 다시 마음을 가다듬고 3절을 부르기 시작했다.

성도의 신앙 본받아 원수도 사랑하겠네
인자한 언어 행실로 이 신앙 전파하리라
성도의 신앙 따라서 죽도록 충성하겠네 아멘

2. 김동근 장로, 김형호 집사 부자의 귀환

김동근 장로와 김형호 집사 부자는 영광 내무서에서 출두하라는 통보를 받고 밤새도록 무릎을 맞대고 기도하였다. 두 부자는 하는 수 없이 모든 것을 주님께 맡기고 찬송을 부르며 영광읍으로 발길을 옮겼다. 만일 가지 않으면 가족들을 죽인다는 협박을 받고 있었기에 어쩔 수가 없었다.

아버지 김동근 장로는 아들에게 당부하였다. "그놈들이 별별 소리를 다 하더라도 신앙만은 버려서는 안 돼"라고 말하며 끝까지 신앙을 지키자고 다짐했다. 영광읍 가까이 도달했을 때, 어떤 청년이 자전거를 타고 김동근 장로 부자에게 가까이 오더니 자전거에서 내려 말을 걸어 왔다.

"장로님, 이른 아침에 어디를 가시오?"

"응, 내무서에서 오라고 해서 가는 길이야."

"장로님, 큰일 납니다. 지금 그곳에 가셨다가는 개죽음을 당합니다. 지금 빨리 피하세요. 놈들이 후퇴하려고 갖은 만행을 다 부리고 있습니다."

이 청년의 말을 듣고 김형호 집사는 아버지에게 말을 건넸다.

"아버지, 우리가 이대로 가서 우리에게 돌아오는 것은 죽음밖에 없습니다. 이제라도 빨리 피신을 합시다."

두 부자는 발길을 뒤로하고 논길을 따라서 재빨리 피하여 염산 해변 가까이에 도착했다. 그리고는 밤을 이용하여 배를 타고 죽음의 골짜기를 피해 한참 노를 저어 가는데 느닷없이 총탄이 날아들었다. 이미 공산군은 이들이 내무서에 오지 않은 것을 알고 온 마을을 수색하기 시작했고 해변의 경비를 철저하게 하며 추격해 왔던 것이다.

총격 속에서 두 부자는 열심히 노를 저으며 무조건 바다 멀리로 나아갔다. 총탄이 빗발치듯이 날아오는 가운데 김동근 장로는 총을 맞고 쓰러졌다. 아버지의 비명 소리를 들은 아들 형호는 젓던 노를 잠시 멈추고 관통상을 입은 아버지의 무릎을 간단하게 치료하고 계속 노를 저었다. 모두들 총에 맞아 죽은 줄로만 알았던 두 사람은 어느 무인도에 도착하여 은신하였다.

1951년 3월, 봉남리와 옥실리를 가로지른 제방 언덕과 수문에도 봄이 오기 시작하던 어느 날, 무릎에 관통상을 입은 김동근 장로는 지팡이를 의지해서 아들 김형호 집사와 함께 돌아왔다. 그들의 귀환은 전쟁 후의 재건에 있어서 그 진가를 드러냈다. 한국전쟁 후에 지역과 염산교회의 새로운 도약의 시대를 이끄는 동력으로서 그들의 역할은 지대했던 것이다.

3. 1951년 감격적인 부활절 예배

당시 광주성경고등학교 학생이었던 안종열 전도사의 협력으로 어느 정도 시신을 수습하여 염산면의 입구인 돌팍재의 양지 바른 언덕 김형호 장로 소유의 땅에 합동묘지를 조성하였다.[79] 대부분 시신들이 부패되어 가족 단위로 봉분을 만들었다. 김방호 목사 내외의 묘와 자녀들의 묘, 그리고 허상 장로 부부의 묘, 노병재 집사 가족의 묘, 노병인 가족의 묘, 노병규 가족의 묘, 그리고 김만호 장로 가족의 묘 등등 모든 순교자들의 시신을 안장하였다.

새롭게 찾아온 봄 햇빛 아래 노도와 같은 폭풍은 지나가 버렸고, 어느덧 부활절 준비에 바쁜 교인들은 폐허가 된 교회 땅을 정돈하기 시작했다. 힘들여 건축했던 교회당은 모퉁이에 주춧돌만 남기고 새까맣게 타버리고 말았다. 주인 잃은 목사관에서는 어린이 주일학교 학생들이 모여 부활절 준비를 하였다.

모든 가족 8명을 잃은 김방호 목사의 둘째 아들 김익 전도사가 부임하여 드리게 되는 첫 예배가 1951년의 부활절 예배였다. 김익 전도사의 예배 인도로 1951년 감격적인 부활절 예배가 시작되었다.[80]

예수 부활했으니 할렐루야 만민 찬송하여라 할렐루야
천사들이 즐거워 할렐루야 기쁜 찬송 부르네 할렐루야!

---

79) 안종열 증언(광주대인교회 목사, 광주광역시 백운2동 619-7, 1999. 5. 28).
80) 김수진,《6·25전란의 순교자들》(대한기독교출판사, 1981), 31.

어른, 아이 할 것 없이 모두 함께 초라한 창고 교회당에 모여서 수복 후 처음으로 드리는 부활절 예배는 감격 그 자체였다. 어둠과 죄악의 전쟁 공포와 죽음의 긴 터널을 통과하여 광명한 빛의 세계로 나온 그 감격처럼 모두들 눈물을 흘리며 부활의 영광을 찬양하였다. 이날 예배의 기도와 찬양과 설교에 모든 교인들이 큰 은혜를 받았다. 지금은 고인이 된 임삼순 권사는 그날의 감격을 평생 잊을 수 없다고 생전에 고백하였다.

"예배를 인도하며 설교하시는 김익 전도사님의 음성은 떨리고 있었고 회중석의 교인들은 차가운 가마니 바닥을 전혀 의식하지 못하고 온 마음과 정성을 다해 예배를 드렸습니다."

언제 수문통 아래로 사람들이 죽어갔나 의심할 정도로 사람들은 모든 것을 잊은 듯 감격스런 부활절을 맞았다.

강남 갔던 제비도 돌아와 예전과 다름없이 봉남리 언덕에 자리 잡은 목사관에 집을 짓기 바빴다. 아직도 주인은 오지 않았지만, 올 것을 알고 하루에도 수십 번씩 재잘거리면서 주인 맞을 준비를 하는 듯했다.

그야말로 1951년의 부활절을 계기로 염산교회는 과거의 상처를 깨끗하게 씻고 새로운 도약을 하는 웅비의 날개를 펴기 시작하였다. 김익 전도사의 부임은 전란 후의 흉흉한 민심과 아직 안정되지 않은 국가적 치안의 부재와 정세불안 속에서 빠르게 회복되는 지름길을 보여주는 사표가 되었다.

다음 장에서 논하고 있는 김익 전도사의 목회를 통해 그 이유와 실제를 이해할 수 있을 것이다.

4. 김방호 목사의 아들 김익 전도사 부임과 목회

1) 김익 전도사의 부임

한편 구사일생으로 난을 피한 김방호 목사의 둘째 아들 김익 전도사가 돌아와 제4대 교역자로 취임하였다. 그는 부친을 비롯한 교인들을 학살하는 데 가담했거나 협력한 좌익 인사들을 일일이 찾아다니며 용서와 사랑의 심정을 표하였다. 이에 많은 사람들이 회개하였고, 원수를 사랑하는 사랑의 사도로 인근에 많은 감동을 주었다.[81]

1951년 4월 10일 바로 부활주일을 며칠 앞두고 김익 전도사가 부임하였다. 김익 전도사의 부임으로 교회는 다시 소생하고 흩어졌던 교인들이 모여들기 시작하였다. 김익 전도사는 전쟁으로 상처받은 교인들의 가정, 특히 공산당에게 가족을 잃고 허탈감에 빠져 있는 신도들을 찾아다니면서 위로하였다.

가족을 다 잃은 김방호 목사의 둘째 아들이 염산교회의 목회자로 부임하였다는 소식은 이 마을에서 저 마을로 퍼지기 시작했다.

6·25 한국전쟁이 터지자 김익 전도사는 다른 신학생들과 함께 남쪽으로 피난하였다. 그곳은 아버지 김방호 목사가 예전에 목회하였던 신안의 비금 덕산교회였다. 그 마을은 김익 전도사의 처갓집이 있는 곳이기도 해서 그곳에 머물러 있었기 때문에 김방호 목사

---

[81] 고무송,《나의 달려갈 길을 마치고》(쿰란출판사, 2007), 42.

의 가족 중 유일한 생존자가 되었다.

수복이 되었다는 소식을 듣고 그는 아버지의 성업을 완수하고 부모님과 형제를 죽인 원수들을 구하기 위해서 염산교회로 달려왔다. 그리고 부모형제와 동포를 죽인 공산당의 가족을 찾아가서 예수의 사랑으로 용서하고 그들에게 복음을 전하기 시작했다.

"하나님, 감사합니다. 하나님, 감사합니다. 원수를 사랑할 수 있는 마음을 주셔서 감사합니다."

이것이 김익 전도사의 기도였다. 그는 너무 감격스러워 눈물을 흘렸다. 영광지방에는 사랑의 사도가 왔다는 소문이 퍼지기 시작했고, 그의 사랑의 목회로 삽시간에 수많은 신도들이 모여들기 시작하여 교회는 다시 부흥의 불로 모든 죄악을 태워버리는 역사가 일어나게 되었다.

김익 전도사는 신사참배 문제 직전에 광주숭일학교를 졸업하고 그 길로 평양과 만주 지방에서 전기 기술자로 생활하면서 이야기로만 듣던 약소민족의 설움을 직접 체험하였다. 해방이 되자 곧 아버지의 뜻을 따라 박형용 박사가 세운 장로회신학교에 입학하여 굶주림과 싸우며 공부하던 중 6·25 한국전쟁의 비극을 만나 피신하였다가 아버지가 마지막까지 섬기던 염산교회에서 봉사하게 되었다.

김익 전도사는 염산교회에서 평생 목회하리라 마음먹었지만 시력이 약해져서 더 이상 목회를 계속하지 못하고 염산교회를 사임하게 되었다. 염산교회 성도들이 "여기서 평생을 두고 목회하시기로 하지 않았습니까? 우리를 그냥 놔두고 떠나시면 어떡합니까? 못 가십니다" 하고 눈물을 흘리며 만류하였지만 눈을 고치기 위해 잠시 교회를 사임한다고 하였다.

그는 광주 수피아여학교 교장 유화례 선교사의 도움으로 전국 각지의 병원을 찾아다녔지만 끝내 치료하지 못하고 실명한 지 11년 만인 42세에 아버지의 뜻을 다 이루지 못한 채 부모님과 형제들이 있는 하늘나라로 훨훨 날아가고 말았다.

2) 김익 전도사의 용서와 사랑의 목회

염산교회에서 순교한 아버지의 뒤를 이어 염산교회 교역자로 부임한 김익 전도사는 평양신학교 재학 중에 한국전쟁을 만나 과거에 아버지가 목회하였던, 자신의 처가가 있는 신안군 비금면으로 피난하여 유일한 생존자가 되었다.

당시 수복 직후의 염산면의 상황을 한마디로 말한다면 무법천지였다. 수복 직후 아직 수습되지 않은 혼란한 정국과 안정되지 않은 민심 속에서 경찰지서가 염산면 봉남리에 설치되어 있었으나 무력하여 전혀 치안 유지에 힘을 발휘하지 못하고 있었다. 오히려 전쟁 중에 가족을 잃은 사람들이 모여 자연스럽게 형성되어 만들어진 유가족회와 한국청년단이라는 임의 우익단체가 더욱 막강한 힘을 발휘하고 있었다.

유가족회와 한국청년단에서 수습위원장으로 큰 역할을 했으며 현재는 서울 온누리교회 모세대 학장이며 6·25 피살자 전국 유족회의 회장인 탁연하 씨는 이렇게 증언하고 있다.[82]

"내가 직접 자수하기 위해 무기를 가지고 찾아오는 사람들을 풀어 줬어. 물에 던진 무기를 못 찾아오면 그 물을 퍼내서라도 반드시

---

[82] 탁연하 증언(6·25사변 피살자 유족회장, 서울시 양재동 88-6, 1999. 10. 5).

찾아오도록 했어."

당시 경찰은 제역할을 하지 못했고 유가족회와 청년단으로 구성된 수습위원들이 염산면의 치안과 질서를 바로잡고 복구와 재건에 힘썼다는 것을 알 수 있다.

수복되기 전 공산치하에 있을 때 무자비한 살상이 자행되었는데, 그 현장에서 많은 원한 관계가 생겨났다. 그래서 자기 가족을 죽게 하는 데 직간접으로 연루된 사람들과의 복잡한 이해관계는 그 누구도 함부로 관여할 수 없는 살벌한 상황이었다. 당시 증언자들의 말에 의하면 "법은 멀고 우선 주먹이 가깝다"는 말과 같이 감정이 앞선 나머지 경찰 공권력도 속수무책으로 어찌할 수 없는 폭력이 난무하였다고 한다. 심지어 맨주먹으로 때려죽이는 폭력과 바닷가에서는 배에 태우고 가서 바닷물에 빠뜨려 죽게 하는 일이 다반사였다고 한다.

이런 사례를 짐작해 볼 수 있는 한 가지 예가 있다. 1996년 8월 16일 필자가 부임할 당시 세 분의 시무장로가 계셨는데, 그분들의 집안 배경 속에는 과거 한국전쟁 당시에 자기 가족을 산으로 끌고 가서 여러 사람이 때려서 죽게 하는 일에 연루되어 있다는 심증을 가지고 50여 년이 흘렀음에도 마음의 상처가 치유되지 않아 심한 갈등을 겪고 있었다.

이런 흉흉하고 살벌한 무법천지의 상황에서 염산교회에 부임한 김익 전도사는 자신도 부모님과 형제 등 8명의 가족을 잃은 유족의 한 사람으로, 피해자임에도 불구하고 자신의 아픔과 상처를 치유하는 일보다도 지역주민들과 성도들의 상처 치유를 위해 "원수를 사랑하라"는 예수님의 말씀을 외치며 적극적인 사랑의 목회를 펼쳤다.

이때 수많은 사람들이 교회로 돌아오는 역사가 일어났다. 그들은 대부분이 어쩔 수 없는 상황에서 직간접으로 부역을 했다든지, 가족이 입산을 했다든지, 동조와 협조를 했다든지 하는 일로 심적으로 큰 부담감을 가지고 불안 초조해하며 떨고 있다가 김익 전도사의 적극적인 복음과 사랑의 목회에 감동하여 예수를 믿게 되었다.

이렇게 열심히 목회에 전념하던 김익 전도사에게 적신호가 생겼다. 건강이 급속히 약해지고 특히 시력에 이상이 생긴 것이다. 유화례 선교사의 특별한 주선으로 당시 최고의 의술로 치료하는 가운데도 별 차도를 보이지 않자 교회의 재건과 부흥과 장래를 위해 사임하고 많은 성도들의 눈물을 뒤로하고 교회를 떠나게 된다.

5. 광주 수피아여학교 교장 유화례 선교사 특별 위안 부흥사경회

　　김익 전도사의 사랑의 목회 현장에서 좌우익의 사상을 허물고 온 성도들과 지역민들이 하나 되어 상처를 치유받는 과정 중에 빼놓을 수 없는 큰 사건이 있었다. 그것은 다름아닌 유화례 선교사의 특별 위안 부흥사경회였다.[83]

　　순교자 가족들과 사상적으로 연루된 피해자로 교회 안에 들어온 성도들과 피폐한 전쟁의 상처로 신음하고 있는 지역민들의 마음의 상처와 회복을 위해 미국 남장로교회 소속으로 광주에 파송받아 광주 수피아여학교를 설립한 유화례 선교사를 초빙하여 특별 위안 부흥사경회를 1951년 8월 20일부터 한 주간 동안 개최하였다.

　　아직은 생소한 모양의 외국 여선교사가 서투른 한국말로 외치는 복음의 말씀을 듣고 하나님의 위로와 치유의 역사를 통해 염산지역의 수많은 사람들이 예수를 믿게 되었고 큰 은혜를 받았다.[84] 이것은 염산교회가 사상을 초월하고 그리스도의 사랑으로 하나 되어 크게 부흥 발전하는 기폭제가 되었다. 염산교회는 순교사건 이전의 모습으로 내·외형의 모습을 회복하게 되었다.

　　유화례 선교사는 이후에도 매년 방학 때마다 염산교회를 찾아와서 성경학교를 열고 봉사해 주었다. 이때 열심히 유화례 선교사를

---
83) 안영로, 《전라도가 고향이지요》(쿰란출판사, 1998), 189.
84) 고무송, 《나의 달려갈 길을 마치고》(쿰란출판사, 2007), 103.

보조하며 안내를 맡아 섬겼던 안영로 청년을 양아들로 삼았고, 안영로는 유화례 선교사와의 인연으로 공부를 할 수 있게 되었다. 나중에는 신학을 공부하고 미국 유학을 다녀와 광주 수피아여학교 교목을 지내고 대한예수교장로회 제90회기 총회장을 역임하게 된다. 이것은 단회적으로 끝나는 유화례 선교사의 업적이 아님을 보여주는 한 가지 사례라고 여겨져 좀더 상세히 기술해 본다.

이것은 유화례 선교사의 한국과 염산교회와 청소년들의 사랑의 행적으로 나타난 위대한 업적 중의 하나이다. 당시 가난한 집안 형편으로 인해 공부를 못하고 있던 염산교회 청년 안영로를 양아들로 삼아 신학 공부를 시켜서 목사가 되게 하였다. 그리고 미국 유학을 보내 한국교회는 물론 기독교계의 세계적인 인물로 성장케 하여 한 인물을 통해 나타나는 복음의 위대한 역사를 보여주었다.[85]

유화례 선교사의 양아들이 된 안영로는 1952년 3월 함평북중학교에 입학하였고, 1953년 3월 18일 염산교회에서 세례를 받고, 1956년 3월에 광주성경고등학교에 입학하여 1958년 12월 16일 졸업하고, 1963년에 광주 숭의실고 농과를 졸업하였다. 그 해 3월 4일에 장로회 호남신학교에 입학하여 1964년 12월 18일 제4회로 졸업하고, 1966년3월 2일 서울 장로회신학대학교에 입학하여 1967년 12월 14일 제61회로 졸업하였으며, 1972년 10월 30일 전남노회에서 목사 안수를 받았다. 화순 주산교회 전도사, 해보제일교회 개척, 광주 유덕교회 시무, 광주 수피아여학교 교목실장(1978. 3-1990. 5), 광주 서남교회 위임목사를 거쳐 대한예수교장로회 통합총회 제90회 총회장을 역임하였다.

---

[85] 고무송,《나의 달려갈 길을 마치고》(쿰란출판사, 2007), 104.

1983년 8월 26일에 미국 Columbia Continuing Education을 수료하고, 1986년 2월에 장로회신학대학교 대학원을 졸업하고, 1990년에 명예신학박사, 1995년에 명예문학박사, 1998년에 미국 하워드대학교 신학대학원에서 연구논문 "미국 남장로교회의 학원선교 정책에 관한 연구(광주 수피아여학교의 신사참배 반대운동을 중심으로)"로 목회학 박사학위를 받았다.

염산교회는 이런 유화례 선교사의 헌신과 사랑과 복음 전파의 비전을 따라 초등부 과정을 개설하여 염산면 일대의 어린이, 청소년은 물론 20세 전후의 청년들까지 150여 명을 모집하여 교육하며, 염산 지역민 근대화 교육의 요람이 되었다.

뿐만 아니라 1954년 7월 18일 개설되어 염산면 지역 일원의 수많은 청소년들에게 공부할 수 있는 기회를 제공하였던 염산교회 성경구락부에 대한 비전도 사실상 유화례 선교사로부터 시작되었다. 교육자 유화례 선교사는 염산지역의 버려진 어린이들과 청소년들에게 복음과 교육을 함께 시키는 것처럼 좋은 방법은 없다고 생각하고 전쟁의 상처로 인해 특별한 비전과 안목이 없는 상태에서 제5대 교역자로 1953년 3월 27일에 부임한 오창흠 목사와 교회 지도자들을 설득하였던 것이다.

그의 비전으로부터 태동한 염산교회 대한소년성경구락부는 1954년 7월 18일 시작되어 1964년 3월 1일 양일에 세워지는 천보고등공민학교에 학생들을 이양해 주기까지 약 10년 동안 염산면 지역의 교육을 책임지는 중요한 역할을 하였다.

이때 염산교회 대한소년성경구락부가 활발하게 운영되는 과정에서 당시 시무장로였던 김동근 장로와 김형호 집사의 절대적인 헌신과 봉사가 없었더라면 쉽지 않았을 것이다. 한국전쟁의 상흔이 잔재하고 아직도 완전 복구가 되지 않은, 여전히 불안한 정세로 물자 등이 매우 부족하였고 가뭄과 한해로 기아와 기근 속에서 한숨만 쉬며 허덕이던 상황이었다.

이러한 때 김동근 장로 부자의 헌신적인 물질 봉사는 많은 어린 청소년들로 하여금 공부하는 데 필요한 재원의 큰 부분이 되었다. 당시 김동근 장로 부자는 설도의 경제를 주관하는 주체였다. 넓은 땅과 농토를 소작하는 가운데 많은 사람들이 생계를 유지할 수 있도록 당대의 지역사회에서도 중요한 역할을 하였던 것이다.

유화례 선교사의 염산교회 사랑은 지대했다. 유화례 선교사는 염산교회 77인의 순교의 가치를 일찍이 발견하고 이에 대한 관심과 사랑으로 방학 때마다 염산교회를 방문하였던 것이다. 염산교회는 77인 순교자들의 효력이 이렇게 나타나고 있었다는 사실을 알지도 깨닫지도 못하였지만 그 위대함을 아는 유화례 선교사는 계속적으로 염산교회를 위해 헌신적인 투자를 아끼지 않았다.

6. 순교자 첫 합동 추모예배

1951년 10월 26일 염산교회에서 첫 순교자 추모예배가 김익 전도사의 인도로 진행되었다. 이때 법성포교회를 시무하던 김준곤 목사(후에 한국대학생선교회 총재)가 추모헌시를 지어 낭독하면서 예배는 울음바다가 되었노라고 당시에 참석했던 김용시 장로가 증언하고 있다.[86] 그 당시의 추모헌시를 여기에 적어 본다.

헌 시

하룻밤 사이에 휘리 바람처럼
붉은 군대가 지옥의 나라에서
쏟아져 나오던 날
평화의 목장
어린 양무리
사망의 나래 밑에
물리고 찢기고 짓밟혔도다.
어두운 밤 질식의 사야
아이야 숨소리 죽여라
바람도 자라

---

86) 김용시 증언(현재 염산제일교회 장로, 염산면 옥실리 신옥, 1999. 5. 28).

햇빛 가리워라
숨겨만 다오
김일성이다 내무소원이다
생명아 번데기처럼 속에서만 숨쉬라.
피에 주린 살인마들
젖먹이 안고 업고
내 어머니 내 아버지
도살장으로 학살의 골짝으로
소처럼 개처럼
숙청가 발맞추어
말없이 끄을려 갔도다.
돌. 매. 창. 칼
모진 아픔 아래서
오 - 주여
쓰러지는 신음소리

악마들 어이 이리 잔인하고
독사들 어이 이리 독할건가.
듣는가 친구여
칠십칠 생령의 피의 호소를
바다야 산들아 울자.
하늘이여 보시고 땅들아 잠자지 말라.
오늘 이 고장에서
나와 같이 통곡하자.

누가 빚어낸 비극의 장이던고.
누가 뿌린 죄의 씨더냐.
누가 쌓은 파멸의 탑이더냐.
아 -
싸움의 종자
권력상쟁 그칠 줄 모르더니
기어이 생혈을 강같이 흘리었으니
행악의 종자여 피 흘린 백성이여
그대 아직도 뉘우침이 없는가.
평안히 쉬라 형제여 자매여
눈보라 가시길 기나긴 겨울이 가면
아지랑이 맴도는
평화의 봄이 이 땅을 찾으리니
피 흘린 발자국마다
향기로운 승리의 꽃물결 이루고
승리 꽃가루 안개같이 무녀져
나비와 벌도 날아오고

사람 사람 다 향기로워
독사도 사자도 암사슴 되고
아이 독사 굴에 손을 넣는 날
범이 초식을 하는 날
봄은 만물이 소생하는
환희의 봄은

평화의 소식 가지고
저녁노을같이
이 피 흘린 땅을 덮으리니
영광을 누리시라 안식을 누리시라.
뼈아픈 현실 괴롭히는 죄도
사망도 다 지나가고
눈부신 환희
안식의 생명만이 넘치리라.
피에 묻혀 기도하던 땅
찢긴 살 맞은 뼈 마디 마디에
순교의 결실
백배 천배 거둘 것 많겠네.
님들 가신 골고다
피 묻은 자욱 가싯길 헤치며
뒤따르는 무리 구름같이 밀려나리니
길이길이 영광을 누리시라.
평안히 쉬라.

1951년 10월 26일
법성교회 김 준 곤 목사
염산교회 합동 추모식에 올림

7. 예배당 건축

1953년 3월 27일 제5대 교역자 오창흠 목사가 부임하면서 교회는 새롭게 도약하는 가운데 설도의 중앙, 높은 동산 중턱에 목재 함석 32평의 예배당을 건축하고 1953년 5월 24일 입당하게 된다.

이때는 전쟁 직후의 상황이라 모든 물자와 식량과 생필품의 부족이 심각한 때임에도 불구하고 더 이상 창고에서는 몰려오는 성도들이 함께 모여 예배를 드릴 수 없게 되어 창고를 뜯어 목재와 함석을 이용하여 건축하기에 이르렀다.

모든 성도들이 한마음 한뜻 되어 손수 건축자재를 운반하며 기뻐하였다. 자신들이 거처할 집은 없을지라도 예배당을 건축한다는 것이 자기들의 집을 짓는 것보다 더 큰 기쁨이었다. 미국에 건너간 청교도들이 자기들의 집보다 맨 먼저 예배당을 지었던 것과 같이 이들 역시 예배당을 짓는 일에 가장 우선하는 순수한 신앙의 모습을 보여주었다.

건축을 하면서 교회는 더욱 부흥되어 갔다. 서로 노력 봉사하며 대화가 되고, 대화가 이루어지다 보니 오해도 풀리고 서로간에 이해와 사랑으로 뭉치는 기회가 되었다.

사도행전에 나오는 초대교회의 아름다운 모습이 이곳에서 그대로 재현되는 가운데 하나님의 말씀은 더욱 흥왕하여 갔고 모이는 성도의 수도 날로 더해 갔다. 전쟁을 치른 후 2년여 만인 이때 교회 집회시 모인 수가 32평 예배당에 가득 찰 정도였으니 가늠 잡아 300명 정도였을 것이라 사료된다.

[그림 1] 1953년 5월 24일 입당한 예배당

제5장

77인의 순교 이후 염산교회가 지역 교계에 끼친 영향

1. 염산교회 영향으로 세워진 교회들
2. 지역 복음화를 위해 매진하는 교회

1. 염산교회 영향으로 세워진 교회들

1) 염산 야월교회 복구

염산교회에서 서쪽 해안으로 7km 지점에 염산면 야월리에 위치하고 있는 염산에서 가장 먼저 세워진 야월교회가 있었다. 야월교회는 1908년 4월 5일 염산면 야월리 야촌에 배유지 선교사에 의해 전라노회 제4회 회기에 최초로 설립된 교회이다. 배유지, 도대선, 남대리, 이아각 선교사가 당회장으로 섬겼고, 박인운, 이경필, 최흥종, 이주수 전도인들이 섬겼으며, 허상, 허수길, 양은성, 김영배 전도사들이 섬겼다고 소개하고 있다.[87]

1938년에 교회 이름을 야월교회로 개칭한 이후에는 김영강, 조인덕, 김종식, 신영걸 전도사 등이 섬겨오다가 1950년 민족적인 고난의 때인 6·25 한국전쟁으로 65명의 전 교인이 순교하고 교회당은 불타버렸다. 이렇게 한국전쟁으로 말미암아 교회당이 전소되고 교회가 없어져버린 안타까운 상황을 지역의 복음화 차원에서 염산교회가 복구하기로 결의하고, 우선 유년주일학교를 위해 1951년 여름부터 염산교회 청년 안영로, 김봉균, 김용시, 조운해, 임한선 등을 주일 오후에 보내 유년주일학교 교사로 봉사하도록 함으로 야월교회는 새롭게 재건되기 시작하였다.

염산교회는 물심양면으로 협력하며 복구 재건을 도왔으며 어느

---
87) 야월교회, "야월교회 연혁" (야월교회, 1998), 3.

정도 교회가 형성되어가자 1952년도에는 비로소 안창근 목사를 교역자로 모시고 교회를 건축하여 자립하기에 이르렀다. 이렇게 두 교회는 지역 복음화의 동역자로 아름답게 상부상조하는 교회가 되었다.

그러나 1975년 박영길 목사가 시무하면서 교단을 대한예수교장로회 통합측으로 변경하여 소속을 달리하게 되었다. 현재는 1988년에 부임한 배길량 목사가 시무 중에 1990년 11월 29일에 교회 뒤뜰에 소속노회인 광주노회와 함께 순교기념탑을 세우고, 2005년부터 영광군의 지원을 받아 순교기념관을 건립하였다.

2008년 12월 6일에 교회 설립 100주년 기념 감사예배를 드렸고, 2009년 7월 22일에 순교기념관 준공예배를 당시 교단 총회장 서울 명성교회 김삼환 목사를 모시고 드렸다. 2010년 현재 염산교회와 함께 기독교 순교지로 역할을 하며 한국교회를 섬기고 있다.

2) 염산제일교회 분립

1962년 3월 1일 옥실리에 시멘트 벽돌 구조의 30평 예배당을 온 교우들의 적극적인 헌금과 헌물과 노력 봉사 등으로 건축하고 오동리, 옥실리 교인들을 중심으로 옥실교회가 분립되었다.

1961년 6월 28일 제10대 교역자로 부임한 임동근 목사의 용단으로 은혜로운 분립이 이루어졌고, 새로운 옥실교회의 목회자로 윤재헌 전도사가 1962년 4월 13일에 부임하여 시무하도록 하였다. 이후로 조용호 목사, 장대송 목사, 신태석 전도사, 조성모 강도사, 김한수 목사 등이 시무하였다.[88]

---

88) 염산제일교회, "야월교회 연혁"(염산제일교회, 2002), 6.

1974년 4월 10일 예배당을 증축하고 1976년 7월 18일에는 옥실리 남부지역의 복음화를 위해 옥실리 695-12번지의 한봉호 씨 소유 주택과 밭을 매입하여 예배당 부지로 마련하여 염산남부교회를 분립 개척하였다. 제1대 교역자로 박광현 전도사를 부임케 하여 염산 남부지역의 복음화에 크게 공헌하였다.

염산남부교회는 1978년 8월에 52평의 예배당을 완공하고 1986년 7월에 대지 200평을 매입하여 11월에 24평의 한옥 사택을 완공하였다. 1994년 4월에 장로 3명, 안수집사 1명, 권사 3명을 세워 조직교회로 성장하였으며 1996년 9월 6일 제4대 교역자로 고태규 목사가 부임하여 시무하고 있다.

그후 옥실교회는 1983년 4월 13일 행정구역이 군남면에서 염산면으로 변경되면서 교회 명칭을 염산제일교회로 변경하였다. 1987년 10월 11일 적벽돌 슬래트로 145평의 예배당을 완공하고, 현재는 최사채 목사가 1996년 2월 9일 부임하여 시무 중에 2000년 12월 13일 50평의 사택을 완공하였다. 2007년 3월 4일 새로운 소방법에 의해 현재의 예배당을 약 1억 원의 예산을 들여 산뜻한 분위기로 리모델링하였다.

3) 염산 서광교회 개척

한국전쟁의 상처를 딛고 일어나 교회를 복구하고 새로운 예배당을 건축하여 1953년 5월 24일 입당한 염산교회는 지역 복음화를 위해 기도하기 시작하였다. 염산면 중심에 있는 봉덕산의 북부지역인 축동리, 신성리, 송암리, 월흥리 등의 복음화를 위해 장동부락에 교회를 개척하기로 결의하고, 1955년 2월 6일 축동리 장동부락 김동권 씨 자택에서 당시 염산교회에서 파송된 김영배 집사와 김용시 집사 등이 주관하여 예배를 드리며 김필님, 김재순, 문귀순, 문양순, 김순님, 김동권 씨 부부 등 9명이 모여 장동교회를 설립하였다.[89]

1955년 2월 3일부터 염산교회 제6대 담임 교역자로 섬기던 안종열 전도사가 1956년 5월 10일 염산교회를 사임하고 장동교회 첫 교역자로 부임했다. 이후 1962년 10월에 염산면 축동리 238번지로 이사하고 1965년 4월 14일 교회이름을 장동교회에서 서광교회로 변경하고 1974년 3월에 예배당을 신축하였다. 1980년 10월 5일 40.9평의 예배당을 축동리 1구 238번지에 신축하여 오늘에 이르고 있다.

2010년 현재, 김세권 목사가 1995년 4월 5일 부임하여 5월에 예배당을 수리하고 40평의 교육관을 건축한 후 오늘에 이르고 있다.

4) 염산중앙교회 분립

1972년 12월 18일 염산교회에 다니던 고○○ 집사를 중심으로 염산중앙교회를 분립하기로 하고, 1973년 1월 7일 봉남리 2구 지역인 양일 부락에 염산중앙교회를 설립하였다.[90] 초대 교역자로 1973년 2월 8일 양동철 전도사가 부임하여 1973년 4월 12일 전남노회 제73회 정기노회에서 교회 설립 인가를 받았다.[91] 1974년 7월 25일 염산면 봉남리 366번지에 38평 예배당을 건축하였다.

1976년 6월 4일 양동철 전도사가 사임하고 1976년 7월 16일 제

---

89) 염산서광교회, "염산서광교회 연혁"(염산서광교회, 2009).
90) 염산교회, "염산교회 연혁"(염산교회사, 1997).
91) 염산중앙교회, "염산중앙교회 연혁"(염산대교회, 2010).

2대 교역자로 김안조 목사가 부임하였다. 1977년 9월 3일 예배당을 76평으로 증축하고, 1978년 9월 7일 초대로 고회조, 정희선 장로를 장립하여 당회를 형성하였다. 1979년 5월 10일에 정경수를 안수집사로 장립하고 김순례, 김양님, 심경옥, 문삼순 집사를 권사로 취임케 하였다. 1980년 4월 12일 김안조 목사가 사임한 가운데 1981년 10월 1일 사택 25평을 준공하고, 1981년 12월 29일 제3대 교역자로 정종원 목사가 부임하였다. 1985년 5월 26일 정종원 목사가 사임하고 1985년 5월 27일 제4대 교역자로 김덕배 목사가 부임하였다. 1987년 5월 19일 제5대 교역자로 이건성 목사가 부임하여 시무하다가 사임하고, 1989년 4월 25일 제6대 교역자로 최복수 목사가 부임하였다. 1989년 9월 11일 새 예배당 부지로 현재의 봉남리 130-25번지의 땅 441평을 구입하였다.

1989년 11월 12일 염산면 봉남리 718번지에 분립된 염산 벧엘교회와 1992년 5월 10일(주일) 양 교회 공동의회로 모여 합동하기로 가결하고, 현재의 염산중학교 앞 염산면 봉남리 130-25번지에 위치해 있는 염산대교회를 설립하였다.

5) 염산동부교회 개척

1974년 1월 염산교회를 출석하던 장천녀 집사를 중심으로 이귀님 집사 가정에서 예배를 드리면서 태동하였다. 그 해 3월 최희구가 헌납한 상계리 산 1276번지 땅에 30평의 비닐하우스를 설치하고 예배를 드리는 중에 1974년 12월 9일 봉서교회가 설립되었다.
1976년 5월 제2대 선창규 목사가 부임하여 시무하였고, 1977년

8월 제3대 교역자로 염산교회 출신 조운해 전도사가 부임하여 시무하였으며, 1979년 7월 제4대 교역자로 이우행 전도사가 부임하여 시무하였다.[92]

1981년 5월 24일 임삼순 집사가 상계리 484번지 대지를 기증함으로 48평 교회당을 건축하여 입당하였고, 1983년 7월 염산면 상계리 2구 848번지의 사택을 구입하고 1983년 9월 2일 제5대 교역자로 김선주 전도사가 부임하여 시무하면서 그 해 12월 11일 교회 명칭을 염산동부교회로 개명하였다.

1986년 1월 10일 제6대 교역자로 김병환 전도사가 부임하여 시무하다가 이임하였다. 1987년 7월 29일 제7대 교역자로 허기녕 목사가 부임하여 시무하다가 이임하였다. 1990년 3월 제8대 교역자로 박융배 목사가 부임하여 목회하는 중에 1991년 2월 3일에 초대 안수집사 정종성 집사와 권사 박부덕, 김황균, 장천녀, 김보배를 임직하였다.

1992년 10월 20일 박융배 목사가 사임하고 교회를 떠나자 10월 21일부터 안수집사로 교회를 섬기던 본 교회 출신인 정종성 전도사가 제9대 교역자로 부임하였다. 정종성 전도사는 광주신학교에 입학하여 신학을 공부하며 교회를 섬겼다. 1999년 11월 27일 상계리 850-9번지에 사택 32평을 신축하여 입주하였다. 2002년 6월 화장실을 신축하고 2003년 5월 식당을 증축하였다.

염산교회에서 처음 신앙생활을 시작한 정종성 목사가 염산동부교회의 평신도로, 안수집사로, 전도사로 섬기다가 목사가 되어 그동안 염산동부교회를 잘 섬기던 중 2006년 2월 10일 사임하고 떠났

---

92) 염산동부교회, "염산동부교회 연혁"(염산동부교회, 2008).

다. 그리고 광주에서 목회하던 성호남 목사가 2006년 2월 11일 제10대 교역자로 부임하였다. 2006년 11월 11일 두 명의 초대 장로를 세우고 처음으로 조직 당회를 구성하였으며, 2007년 10월 6일 목사 위임예식을 거행하고 현재까지 시무하고 있다.

6) 염산 벧엘교회 분립

염산교회에서 북쪽으로 0.5㎞ 지점에 형성된 동촌 마을과 염산면 각종 기관들이 자리잡고 있는 염산면 소재지에 교회가 하나도 없었기 때문에 복음화를 위해서 그곳으로 염산교회를 이전하자는 의견이 대두되었다. 투표를 통해 합법적인 의견 일치를 보고자 했으나 이루지 못하고 결국 1989년 11월 12일 농협 옆자리 염산면 봉남리 718번지에 별도로 예배 처소를 마련하여 염산벧엘교회를 분립하였다.

초대 담임 교역자로 서익수 목사를 청빙하여 부흥 성장하던 중에 1992년 초에 광주 광동교회의 청빙을 받아 이임하였다. 목회자가 공석이 된 상황 속에서 교회 이전을 모색 중이던 염산중앙교회와의 합동 제의가 나옴에 따라 1992년 4월 29일 정식으로 합동 수속 모임을 갖기 시작하였다.

염산교회에서 신앙생활을 같이 하다가 먼저 염산교회에서 분립한 염산중앙교회 교우들과 신앙의 뿌리가 같기 때문인지 서로간의 필요성과 공감대를 따라 비교적 순탄하게 합병에 합의하고, 1992년 5월 17일 봉남리 1구 130-25번지에 현재의 염산대교회를 설립하여 오늘에 이르고 있다.

7) 합병된 염산대교회

　1972년 12월 18일에 염산면 봉남리 366번지에 분립된 염산중앙교회와 1989년 11월 12일 염산면 봉남리 718번지에 분립된 염산벧엘교회가 1992년 5월 10일(주일) 양 교회 공동의회로 모여 모두 합동하기로 가결하고 현재의 염산중학교 앞 염산면 봉남리 130-25번지에 '염산대교회'로 합병하였다. 1989년 4월 25일 최복수 목사가 제1대 목회자로 부임하여 현재에 이르고 있다.[93]

　현재 염산대교회가 위치하고 있는 지역에는 염산면의 주요 기관들이 모여 있다. 염산 면사무소, 염산 농협, 우체국, 파출소, 버스 정류소, 병원, 초등학교, 중학교, 고등학교 등과 상가들이 형성되어 있다.

　한 가지 염산교회와 관련하여 논해 본다면, 염산교회에서 장로로 임직받은 시무장로 3명과 안수집사 3명이 봉사하고 있으며, 후에 임직을 받거나 하여 현직에서 봉사하는 대부분의 중직자들이 과거에 염산교회에서 함께 신앙생활을 같이하던 이들이라는 점이다.

---

93) 염산대교회, "염산대교회 연혁"(염산대교회, 2009).

2. 지역 복음화를 위해 매진하는 교회

1) 교회 설립 70주년 및 순교 기념 행사

　70주년 행사는 염산교회가 설립된 이래 가장 큰 행사였다. 별지 부록 [표 3]의 행사 담당표를 보면, 교인들은 물론이지만 당시 김광연 이장을 비롯하여 온 설도 마을 사람들이 함께 안내위원, 접대위원, 의전위원, 주차위원을 담당하여 기관장들과 출향인들을 영접하며 마을의 큰 행사로 진행된 것을 볼 수 있다.

　9월 12일 오전 9시에 교회로 집결하여 배치 점검 확인을 한 봉사자들은 모두가 상기된 채로 "염산교회 70주년 기념행사에 동참하는 것은 나의 일생에 단 한 번뿐이며 축복과 영광이다"라고 고백하였다. 700여 명이 뷔페식으로 식사를 하며 오랜만의 정담을 나누는 지역의 큰 잔치였다.

　광주 헵시바몸찬양단(단장 이경희 집사) 공연과 염산교회 유년부(지도 최현숙 집사), 청년부(리더 최순영 선생)의 공연으로 제1부 순서를 시작하였다.

　제2부는 조일섭 목사(대창교회)의 사회로 광주전남사모찬양단(단장: 김승님 사모)의 특송과 증경총회장 김정중 목사의 "하나님의 뜻"이란 제목의 설교와 서광주노회장 박상철 목사의 축도로 진행되었다.

　제3부에서는 임직예식으로 백남철, 성강석을 안수집사로 안수하

고, 최삼례, 강연심, 김정님, 김영신, 김영숙, 서은정 집사를 시무권사로 취임케 하고, 박신연, 정정이 집사를 명예권사로 추대하였다.

제4부는 격려와 축사와 만찬 순서로 이어졌다. 내빈으로 참석한 기관장들과 역대 교역자, 순교자 가족, 지역 출신 참석자 등을 소개하고 본 교회 출신 증경총회장 안영로 목사의 격려사와 영광군 정기호 군수와 영광군의회 신언창 의장과 천보장학회 회장 탁연택 장로의 축사와 제6대 교역자 안종열 목사의 폐회 및 만찬기도로 모든 예식을 은혜 가운데 마쳤다.

제6장

77인의 순교 이후 염산교회가 지역 사회에 끼친 영향

1. 염산 지역민 교육을 위한 염산교회 성경구락부 설치
2. 염산 농수산물 젓갈 축제와 연계한 찬양 콘서트 유치
3. 영광군 7대 관광명소로 지정 - 버스투어 실시
4. 전국 청소년 기독교 문화, 역사 탐방 프로그램 운영
5. 순교복지센터 운영

1. 염산 지역민 교육을 위한 염산교회 성경 구락부 설치

1) 초등과정 성경구락부 개설 운영

염산지역에는 1926년 11월 1일 일본인들에 의해 세워진 염산공립보통학교가 1945년 4월 1일 염산국민학교로 개칭하여 개교한 유일의 학교였으나, 6·25 한국전쟁으로 인하여 1950년 7월 23일 교사가 전소되고 보존 문서도 전부 소실되어 버렸다. 그후 1951년 2월 1일 군경이 들어와 수복되어 개교하였으나 많은 아이들이 학교를 다니지 못하는 안타까운 현실 속에 있었다.

이런 상황에서 염산교회가 지역 복음화와 나라와 민족의 근대화와 문맹 퇴치를 위해서는 경제적 어려움 때문에 학교에 다니지 못하는 어린이와 청소년들을 교육하는 일이 시급함을 공감하고 나이와 연령에 상관없이 모든 어린이, 청소년을 대상으로 1954년 7월 18일 대한예수교장로회 염산교회 대한소년 성경구락부를 개설하였다.[94]

염산교회가 대한소년 성경구락부를 개설하는 과정에서 당시 제5대 교역자로 1953년 3월 27일에 부임한 오창흠 목사의 결단이 컸지만 사실상의 청소년 교육에 대한 비전은 광주 수피아여학교 교장이었던 유화례 선교사에 의해서 시작되었다. 1951년 8월 20일부터

---

94) 염산교회, "염산교회 연혁"(염산교회사, 1997), 7.

한 주간 동안 진행되었던 유화례 선교사 초청 특별 위안 사경회 이후 유화례 선교사는 매년 방학 때마다 염산교회에 와서 여름성경학교 집회를 인도해 주었다. 이런 과정에서 염산지역 어린이들과 청소년들에 대한 관심과 사랑으로 염산교회가 성경구락부를 개설하는 비전을 갖도록 했고 또한 물심양면으로 협조하였다.

또 한 가지 유화례 선교사의 염산교회와 청소년들에 대한 깊은 관심과 사랑의 행적으로 나타난 위대한 업적에 주목할 필요가 있다. 당시 가난한 집안 형편 때문에 공부를 못하고 있던 염산교회 청년 안영로를 양아들 삼아 공부를 시키고, 신학교에 보내 목사가 되게 하며, 미국 유학을 보내 한국교회는 물론 세계적으로도 훌륭한 기독교계의 큰 인물로 성장하도록 뒷바라지하였다.

유화례 선교사의 양아들이 된 안영로의 이력을 잠시 살펴보자. 1952년 3월 함평북중학교 입학, 1953년 3월 18일 염산교회에서 세례를 받음, 1956년 3월 광주성경고등학교에 입학하여 1958년 12월 16일 졸업, 1963년 광주 숭의실고 농과 졸업, 그 해 3월 4일 장로회 호남신학교에 입학하여 1964년 12월 18일 제4회 졸업, 1966년 3월 2일 서울 장로회신학대학교에 입학하여 1967년 12월 14일 제61회 졸업하고, 1972년 10월 30일 전남노회에서 목사 안수를 받았다. 화순 주산교회 전도사, 해보제일교회 개척, 광주 유덕교회 시무, 광주 수피아여학교 교목실장(1978. 3 - 1990. 5), 광주서남교회 위임목사를 거쳐 대한예수교장로회 통합총회 제90회 총회장을 역임하였다.[95]

1983년 8월 26일 미국 Columbia Continuing Education을 수료하고, 1986년 2월 장로회신학대학교 대학원을 졸업하고, 1990년 명

---

95) 고무송, 《나의 달려갈 길을 마치고》(쿰란출판사, 2007), 102.

예신학박사, 1995년 명예문학박사, 1998년 미국 하워드 대학교 신학대학원에서 "미국 남장로교회의 학원선교정책에 관한 연구(광주 수피아여학교의 신사참배 반대운동을 중심으로)"로 목회학 박사학위를 받았다.

염산교회는 이런 유화례 선교사의 헌신과 사랑과 복음 전파의 비전을 따라 초등부 과정을 개설하여 염산면 일대의 어린이와 청소년은 물론 20세 전후의 청년들까지 150여 명을 모집하여 교육하며 염산 지역민 근대화 교육의 요람이 되었다.

대한소년 성경구락부에 개설된 과목은 국어, 산수, 사회, 과학, 음악, 미술, 성경, 도덕 등이었으며, 교사로서 김영배 장로는 1-2학년, 김용시 장로는 3-4학년, 최효진 집사는 5-6학년을 가르쳤으며, 임순님(광주성모원 원장)은 유치부 및 특별반과 기타 예능 과목을 가르쳤다. 당시 교사 월급은 일금 3,000원과 식량 한 말씩을 교회에서 부담하여 제공하였다.[96]

이때 염산교회 대한소년 성경구락부가 활발하게 운영되는 과정에서 당시 시무장로였던 김동근 장로와 김형호 집사의 절대적인 헌신과 봉사가 매우 컸다. 한국전쟁의 상흔이 잔재하였고 완전 복구가 되지 않은 여전히 불안한 정세 가운데서 많은 물자 등이 턱없이 부족하였고 가뭄과 한해로 기아와 기근 속에서 한숨만 쉬며 허덕이고 있었다. 이런 상황에서 김동근 장로 부자의 헌신적인 물질 봉사는 많은 어린 청소년들에게 공부하는 데 필요한 재원의 큰 부분을 담당해 주었다.

당시 김동근 장로 부자는 설도의 경제를 주관하는 주체였다. 김

---

96) 김용시 증언(현재 염산제일교회 장로, 염산면 옥실리 신옥, 1999. 5. 28).

형호 집사는 넓은 땅과 농토를 소작하는 가운데 많은 사람들이 생계를 유지할 수 있도록 당대 지역사회에서도 중요한 역할을 하였던 것이다.

2) 중등과정 성경구락부 개설 운영

초등과정을 마친 학생들이 많이 배출됨에 따라 중등과정의 필요성이 대두되었다. 이에 서울에서 온 이창신과 법성에 사는 김대성을 교사로 채용하여 영어, 수학, 성경을 집중적으로 가르쳤다.

1954년 7월 18일에 예배당에서 개설된 대한예수교장로회 염산교회 대한소년 성경구락부가 1955년 4월 26일 교육관 교사 25평을 별도로 건축하여 명실상부한 학교 체계를 이루며 많은 인재들을 길러내고 염산 지역민 근대화 교육의 산실이 되었다. 이때 근대 신교육을 받고 지역사회를 위해 봉사하는 인물들 중에는 2009년 현재 동촌의 김길중, 옥실리의 송병관, 봉전의 정종용, 양일의 김재덕, 설도의 박정래 등이 있다.

1954년부터 약 10년간 염산지역 고등교육의 산실 역할을 하였던 염산교회 대한소년 성경구락부는 1964년 3월 1일 양일 마을에 천보고등공민학교가 세워지면서 학생들을 모두 이양시켰다. 그후 1967년 3월 5일 천보중학교로 개교하였고, 1971년 1월 26일 염산중학교로 다시 개교하여 2009년 현재 8,882명의 졸업생을 배출하였고, 5학급 117명이 공부하는 학교로 발전하였다. 염산교회는 지역사회를 위해 순교적 신앙과 정신으로 섬기는 삶을 실천해 왔으며 그 영향은 이렇게 지대했다.

2. 염산 젓갈 축제와 연계한 지역민 초청 찬양 콘서트

1999년부터 교회 앞 선창인 설도포구에서 매년 영광 염산 수산물, 소금, 젓갈 대축제가 계속되고 있다. 특히 2007년 제6회 때부터 염산교회는 매년 개최되는 축제위원회와 좋은 유대관계를 갖고 지역 복음화와 기독교 문화 창달과 저변 확대 차원에서 영광군 지역의 기독교계와의 가교적 역할을 하며 지역의 농수산물, 소금, 젓갈 축제의 전야제를 함께하고 있다.

'영광군민을 위한 찬양 콘서트'라는 제목으로 염산면축제추진위원회가 주최하는 설도항 특설무대에서 영광군기독교교역자협의회와 각 시찰회와 연합 제직회 등이 후원하고 영광군기독실업인회가 주관하여 매년 진행하고 있다.

처음에는 영광지역 여러 교회의 찬양대 및 찬양단을 초청하여 시작하였는데 다양한 장르의 필요성이 느껴져 지금은 유명한 복음 가수들을 초청하여 지역민들에게 쉽게 접근하고자 노력하고 있다.

한 예를 든다면, 제6회 때인 2007년 9월 13일 오후 19시부터 21시 30분까지 제1회 영광군민을 위한 찬양 콘서트가 열렸다. 축제날의 첫 시간에는 먼저 "염산교회 77인의 순교자"라는 영상물을 15분 동안 상영한다. 이곳이 77인의 순교의 피가 흐르고 있는 한국 기독교 최대 순교지라는 의미를 지역민들에게 심어 주기 위해서 해마다 계속하고 있다. 누구든지 설도항 포구에 들어서면 입구에 우뚝

서 있는 기독교인의 순교탑을 한눈에 볼 수 있지만 기회가 되는 대로 지역민들에게 순교성지를 각인시키려는 노력의 일환이다.

　초청자는 배영만 전도사, 권투선수 홍수환의 부인 옥희 집사, 박해경 전도사, 마임 아티스트, 뮤지컬 그룹 "방황하는 친구에게" 등 기독교 복음가수와 문화 사역자들과 영광대교회 중창단, 영광중앙교회 찬양단, 법성교회 중창단, 광주전남사모합창단 등을 초청하여 진행하였다. 2008년에 2회, 2009년에 3회를 계속하면서 점점 좋아진다는 평가를 받으며 지역민들과 함께 자연스럽게 어우러지는 한마당 축제가 되었다. 지금은 지역민들도 이를 자연스럽게 받아들이고 있다.

3. 영광군 7대 관광명소로 지정 – 버스투어 실시

염산교회 순교성지는 영광군에서 영광군내의 7대 유명한 관광명소 가운데 하나로 지정하여 홍보할 뿐만 아니라 관광객 유치를 위해 많은 투자를 아끼지 않고 있다.

영광군의 7대 관광명소는 불갑사, 불갑저수지 수변공원, 백제 불교 최초도래지, 원불교 영산성지, 보은강 연꽃방죽, 백수해안도로, 기독교인 순교지다. 이런 차원에서 염산교회 순교성지를 찾아오는 수많은 탐방객들을 영광군에서는 쉽게 간과할 수 없는 입장이다.97) 따라서 염산교회에서 이루려는 순교기념사업들에 관심을 갖고 협력할 수밖에 없게 되었다.

영광군청 홈페이지에서 소개하고 있는 내용을 보면, 영광관광 버스투어 일정표에서 2코스를 운영하는데 제1코스에서 불갑사 ⇒ 불갑저수지 수변공원 ⇒ 백제 불교 최초도래지 ⇒ 중식 ⇒ 원불교 영산성지 ⇒ 백수해안도로 ⇒ 기독교인 순교지로 정하고 매주 토요일 오전 09시에 광주역 앞을 출발하는 것을 홍보하여 1인당 18,000원에 회원을 모집하고 있다.[표 4]

염산면 홈페이지에서도 염산교회 순교성지를 적극적으로 홍보하고 있는 것을 볼 수 있다.[표 5]

---

97) 박석호, "3대 종교(기독교, 원불교, 불교) 성지를 연계한 관광벨트화 방안" (영광군, 2003).

마을자랑 > 관광문화 > 설도항, 기독교인 순교탑

• 설도항
1934년경 육지와 연결되었다. 마치 '누워 있는 섬' 같다고 하여 '누운섬'[臥島]으로 불리웠는데 일제가 지명을 한자로 바꾸면서 '눈섬'[雪島]으로 바꿔 표기해 오늘날에 이르렀다. 이곳에서 맛볼 수 있는 젓은 해수를 유입하여 결정시킨 미네랄이 풍부한 서해안 천일염으로 간질을 한 조개젓, 엽삭젓(송어젓), 황석어젓, 멸치젓, 갯물토화젓, 오젓, 육젓, 잡젓, 북새우젓, 짜랭이젓(병치새끼), 갈치속젓, 줄무늬젓, 명란젓, 창란젓, 꼴뚜기젓, 오징어젓, 숭어젓, 까나리액젓 등으로 그 수를 헤아리기도 벅차며, 여름철엔 보리새우(오도리), 추석엔 서대, 봄철엔 꽃게 등 연중 싱싱하고 풍성한 회를 즐길 수 있다.

• 기독교인 순교탑
6·25 당시 인민군과 교회 탄압에 항거, 신앙을 지키려다 194명이라는 많은 신자들이 순교한 곳이다. 이곳 설도 순교탑에 오면 이름 없이 사라져 간 순교자들의 깊은 신앙심에 숙연해지까지 한다.

제6장 77인의 순교 이후 염산교회가 지역 사회에 끼친 영향

4. 전국 청소년 기독교 문화, 역사 탐방 프로그램 운영

염산 기독인순교지 탐방을 위한 제1회 청소년 영광 체험 자전거 여행 대회 프로그램이 2009년 5월 5일(09:00~16:00)에 진행되었다. 구 실내체육관에 집결하여 염산 기독인순교체험관을 돌아 염산 염전단지와 신성리를 통해 구)실내체육관에 다시 집결하는 행사를 영광군, 영광교육청, 영광경찰서, 한수원(주) 영광본부, 영광군 기독교협의회, 광주 CBS, 영광신문, 대추귀말자연학교 주관, 영광 기독실업인회 등이 함께했다.[표 6]

의의 및 목적을 살펴보면 다음과 같다.

첫째, 창조주께서 주신 영광의 자연환경과 역사를 감사함으로 체득하게 하여 역사와 지역 앞에 책임 있는 사람으로 살게 한다.

둘째, 영광의 아름다움을 몸과 마음으로 경험하며 영광인의 자긍심을 갖게 한다.

셋째, 기독인의 살아가야 할 태도를 '하나 됨'과 '같이함'으로 더 큰 사랑을 경험하게 한다.

넷째, 이 땅의 미래를 짊어진 자라나는 세대들에게 긍정적이며 적극적인 삶을 고취한다.

다섯째, 2009년 영광 방문의 해를 맞이해 기독인들의 자발적 동기를 통해 영광 공동체를 섬기는 기회를 갖게 하다.

행사 참여 인원은 총 300명으로, 영광군 및 체험 여행 대회에 참여를 원하는 전국의 청소년 200명과 주관하는 기독실업인 참여자 및 학부모 등 총 100명이 함께했다. 총 자전거 주행 거리는 왕복 35km 정도였다.

대추귀말자연학교 김상훈 집사가 모든 일을 기획 진행하는 데 주도적 역할을 하였다.

행사 방법은 영광 기독인순교체험관을 왕복 코스로 정해 자전거를 타고 직접 두 발로 영광을 체험케 한다는 데 목적을 두고 참여자를 10개조로 나눠 조별 이동하고 체험활동에 참여한다.

당일 구 실내체육관 광장에 오전 8시 30분까지 집결한 후 조별 인원 점검 및 안전 교육 후 각조 리더와 헬퍼들의 진행에 따라 각 리더들은 차량 2대(앞, 뒤)와 안전 진행에 최대 협조하며 차량 깃발, 자전거 깃발, 홍보용 플래카드를 준비했다.

리더 교육으로 여행 교육, 안전 교육, 체험활동 실습 교육 등을 실시했고 4월 20일까지는 인원 파악이 선행되어야 했다.

뿐만 아니라 자전거 여행 대회의 적극성 진작 및 영광에 대한 심미적 접근 계기를 부여하며, 행사와 영광에 대한 청소년들의 관심을 향상시켜 유익한 여행 기회를 제공하기 위해 시상을 기획하였다.

제2회 전국 청소년 기독교 역사 문화 체험 대회를 2010년 5월 5일(수) 오전 9시부터 오후 6시까지로 계획하여 [표 7]에서와 같이 각 교회에 공문을 보내 홍보하였다.

5. 순교복지센터 운영

 2007년 5월 4일 사회복지법인 난원과 협약을 맺고 노인요양 지원 센터 염산지부를 설치하였다. 본 교회 최삼례 권사와 최금옥 집사 등 두 명의 요양보호사와 기타 전문요원과 자원봉사자가 정신건강을 위한 프로그램과 육체건강을 위한 건강검진, 침술, 체조, 미용, 음식, 나들이 행사 등의 노인 요양 프로그램으로 섬기고 있다.
 피폐되고 있는 농어촌의 노인들에게 보다 더 실속 있고 알찬 서비스를 제공하기 위하여 규모 있는 시설이 필요함을 느끼고 2007년 10월 5일 봉남리 696-51번지 최종오 집사 소유의 부지 및 건물 등 80평과 봉남리 696-50번지의 김정님 권사 소유의 부지 및 건물 80평을 2008년 9월 11일 매입하였고 이후 봉남리 696-52번지 110평을 매입하는 등 계속적인 시설 확장을 하고 있다.

제7장

77인의 순교가 한국 기독교계에 끼친 영향

1. 한국기독교의 순교 유적지 개발을 위한 조직과 활동
2. 순교기념사업 추진 내용과 결과

1. 한국 기독교의 순교 유적지 개발을 위한 조직과 활동

1) 염산교회 순교기념사업회 조직

1996년 10월 10일 염산교회 순교기념사업회를 조직하여 고문에 김태균, 최복수, 고태규, 김세권, 김연우, 성호남, 조일섭, 김용구, 박정일, 최대성, 문평식, 조무영, 박연만, 최사채, 김용시, 김근배, 최효진, 탁연하 등 18명을 추대하였다.

그리고 위원장에 최종천 장로와 서기에 김상윤 집사, 회계에 전봉용 집사와 위원으로 노병오, 김대귀, 박정래, 백남철, 성강석, 김경상, 전수복, 양덕열, 최종중, 최효성, 이정자, 박옥순, 주은숙, 김연이, 최연님, 노옥숙, 이복희, 김영신 등 18명을 위촉하였다.[표 8]

2) 영광군 기독교순교자기념사업추진위원회 조직

1998년 2월 16일 영광군 기독교순교자기념사업추진위원회를 조직하여 정규오, 남정규, 변남주, 안종열을 고문으로 모시고, 대표위원장 김정중, 공동위원장 배길량, 박영효, 김용시, 임한선, 서기 장종섭, 부서기 조일섭, 회계 한상신, 부회계 최종천, 총무 김태균, 부총무 최경학, 실행위원 전승용, 김대서, 손정용, 이수재 장로, 추진위원 김강헌 의원과 김길중 목사 등 140명을 추대하여 조직을 완료

하였다.[표 9]

그리고 영광군내의 기독교 기관 단체들로는 영광지방 기독실업인회(회장 나승만 장로), 영광군 기독교목회자협의회(회장 김정중 목사), 영광지방 연합제직회(회장 김홍기 목사), 영남지방 연합제직회(회장 조일섭 목사), 영광지방 청장년연합회(회장 조창만 장로), 염산순교자유가족회(회장 노장기), 젓갈축제 및 설도항 개발위원회(위원장 양덕열) 등이 적극적으로 후원 협력하였다.

3) 순교기념사업회 활동사항

1996년 10월 10일 염산교회 순교기념사업회를 조직, 1996년 12월 1일 순교교육관 60평 준공, 1998년 2월 16일 영광군기독교순교자기념사업추진위원회를 조직(위원장 김정중 목사)하여 대외적인 활동을 하며 영광군청과 영광군의회에 사업계획서를 제출하였다.[표 10]

염산순교체험학습관 건립 계획서를 보면 취지 및 목적을 다음과 같이 밝히고 있다.

우리 고장 영광에서 수많은 여행객들이 머물면서 특산물과 자연환경과 종교문화를 체험하기 원하지만 적당한 시설이 없어서 그냥 지나갑니다. 10년 동안 이런 사실을 지켜본 지역민들이 작게나마 나름대로 봉사를 해 왔으나 이제는 규모 있는 시설이 세워져서 우리 지역 발전의 동력이 되게 하자는 취지로 순교를 테마로 한 순교체험학습관 건립을 추진하게 되었습니다.

염산은 한국뿐만 아니라 세계적으로도 유례를 찾아볼 수 없는 수장(水葬) 순교의 현장이 있는 곳입니다. 따라서 세계 각지의 여행객들의 관심이 고조되고 있으며 많은 버스 투어 팀이 운영되고 있습니다.

......

이 순교체험학습관이 세워지면 지역 경제발전에 유익은 물론 우리 지역 홍보 및 관광 사업에 크게 이바지하게 될 것이라 사료됩니다.

2006년 현재 준비한 20여 가지의 체험 프로그램을 ① 1박 2일 코스 ② 2박 3일 코스 ③ 3박 4일 코스 ④ 4박 5일 코스 등 부분적으로 시도해본 결과 금년 8월말 현재 15,864명이 다녀갔습니다.(1월 1,326명, 2월 1,128명, 3월 1,295명, 4월 1,772명, 5월 1,826명, 6월 1,615명, 7월 3,375명, 8월 3,527명)

......

21세기의 시대적 요청은 체험 학습 방법입니다. 따라서 우리 지역의 종교문화 특성을 살린 순교체험학습관을 세우면 앞으로 독창적인 세계적 명소로 자리매김을 하게 될 것으로 전망됩니다. 현재도 순교 탐방객들이 계속 증가하고 있으며 역사가, 교육가, 종교가들이 매우 긍정적으로 전망을 하고 있습니다.

2. 순교기념사업 추진 내용과 결과

1) 순교교육관 건축과 사용

1996년 12월 1일 교육, 예배, 전시, 친교를 위한 공간 확보를 위해 철근 벽돌 슬래브 지붕의 다목적용 순교교육관 60평을 준공하였다. 주방과 숙소와 30평의 다목적 공간에 처음으로 순교에 관련된 사진 50여 점과 그림 삽화 10점을 제작하여 유품 100여 점과 기타 자료 100여 점을 함께 좁은 공간을 최대한 이용하여 전시하였다.

[그림 2] 순교교육관 전경

2) 순교자료전시관 건축과 사용

버려진 교회당 북쪽 비스듬한 언덕을 이용하여 성경구락부를 복원하는 의미를 가지고 벽돌 벽과 판넬 지붕의 창고 모양의 두 칸 공간의 순교자료전시관 50평을 2005년 9월 19일 건축하여 300여 점의 자료 및 유품을 순교체험관 전시실이 완공되기까지 전시하였고, 현재는 영상실과 소예배실과 유년부실로 활용하고 있다.

3) 염산기독교순교체험관 건축과 운영

[그림 3] 순교체험관 조감도

2008년 1월 15일 120평의 교회당과 60평의 교육관을 철거하면서 순교체험관 건립공사가 시작되었다. 17억 원의 영광군 예산을 투자하여 영광군 발주의 관급공사로 2009년 1월 31일 순교체험관 건축부분 300평을 준공하고 2009년 9월 12일 순교체험관 준공 및 개관 기념 지역민 초청 감사 잔치와 교회 설립 70주년 기념행사를 거행하였다.

별지 부록 [표 11]에서 순교 체험관 건축 개요를 보면 아래와 같다.

전남 영광군 염산면 봉남리 696-88의 3필지에 건축면적 577.90㎡에 연면적 984.93㎡의 지상 2층 건축물을 2007년 12월 20일~2009년 12월 31일까지 영광군 문화관광과 발주와 (유)동신종합건설의 시공으로 완공하였다.

1층에 사무실, 숙소, 주방, 식당을 배치하였고, 2층에 예배실, 전시홀, 전시실, 체험실, 전망대 등을 배치하였다.

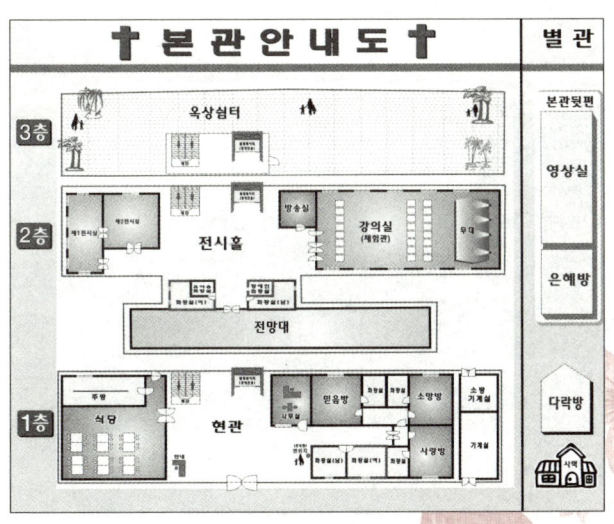

[그림 4] 순교체험관 안내도

[그림 5] 완공된 순교체험관과 복원된 종각의 모습

4) 77인 순교기념비 건립

[그림 6] 77인 순교기념비

1999년 8월 13일 순교기념공원 내에 '77인 순교기념비'를 준공하였다. 이때부터 사실상 본격적인 순교성지로의 가시적인 출발이 시작 되었다.
　월평교회 근처에서 조경석을 운반해 오는 작업을 하면서 큰 돌을 발견하여 기념비의 상부를 구상하였다. 순수한 자연석을 옆으로 깔아 좌대로 삼고 그 아래에 동그란 자연석 두 개로 다리를 삼아 세웠다.

5) 기독교인 순교기념탑 건립

[그림 7] 기독교인 순교탑

　2003년 6월 16일 교회 앞바다 설도항 옛 수문자리에 '기독교인 순교탑'을 건립하였다. 공사비 3억 5천만 원의 순수 영광군비를 책정하여 영광군청 문화관광과가 발주하였고 주식회사 제암건설이 공사를 입찰받아 준공하였다.

염산지역구 김강헌 영광군 의원이 기초적인 스케치 작업을 하도록 하는 데 산파적 역할을 하였고, 당시 현직에 있던 김봉열 군수가 이를 배려하였다.

순교탑의 중심부 아래에 있는 설명문에는 다음과 같은 내용이 음각되어 있다.

〈기독교인 순교기념탑 설명문〉

이곳은 목에 큰 돌을 달아서 수장시킨 기독교인의 순교지입니다. 이것은 세계 기독교회사에서 유례를 찾아볼 수 없는 것입니다. 1950년 6월 25일 한국전쟁 당시 9월 28일 서울 수복 후 미처 퇴각하지 못한 인민군과 공산당들에 의해서 바다 속에 빠져 허우적거리면서 마지막 순간까지 찬송가를 부르면서 그들은 순교했습니다. 이와 같은 신앙을 지키려다가 순교한 194명의 숭고한 정신을 기리고 장소를 기념하기 위하여 역사적인 사건의 주 현장인 이곳에 '기독교인 순교탑'을 세우게 되었습니다.

탑은 예수님이 팔을 벌리고 있는 듯한 형상과 마치 천사의 날개와 같은 의미를 조형화했고 상층부의 세 개의 타원구는 성부 성자 성령의 삼위일체를, 머리의 원은 고난을 상징하는 가시관을, 그리고 전체적으로는 사람의 형상을 리듬감 있게 역동적으로 묘사 하였습니다.

부조벽화는 목에 돌을 매달아 수장시키고 몽둥이와 죽창으로 신자들을 무참히 살해하는 장면을 상징적으로 표현하여 순교지역의 현장성과 영속성을 부각시켰습니다.

2003년 6월

순교탑 좌측 부조 벽화 내용에는 요한복음 11장 25~26절 성경 말씀이 새겨져 있다.

"예수께서 가라사대 나는 부활이요 생명이니 나를 믿는 자는 죽어도 살겠고 무릇 살아서 나를 믿는 자는 영원히 죽지 아니하리니 이것을 네가 믿느냐"(요한복음 11장 25-26절).

순교탑 우측에는 염산교회 순교자를 비롯하여 영광군 전체의 순교자 194명의 명단이 음각되어 있다.

6) '순교자의 길' 개발과 기념비 제막

작금의 여행 트렌드는 관광만이 아닌 체험 속에서 자신의 재발견에 이르는 에코투어의 걷기 문화가 주조이다. 세계적인 명 순례길인 '까미노데 산티아고'의 800km는 제주도 '올레길'을 탄생시켰으며, 남원 지리산 '두레길'을 비롯해 부안과 고창, 익산에서도 도보길 만들기에 나서고 있다. 이제 수려한 자연환경과 독특한 역사문화를 품에 안고 있는 영광도 '불빛길'을 만들어 월등한 비교우위를 차지해야 한다.

때마침 전남도에선 영광~광양 해안도로 2,500km를 600억 원을 투입해 2010~2017년까지 생태 탐방길로 '남도 바닷길 삼천리' 조성사업을 입안 추진 중이다. '영광 불빛길'이 선도적으로 만들어져 갈 때 자연스레 전남도의 유기적인 협조도 수월하게 이끌어낼 수 있을 것이다.

　영광 불빛길 오백리는 염산 소금길이란 주제로 상오마을에서 출발하여 오동저수지-설도포구-염산교회 기독교인순교탑-봉양저수지-대흥염전-월평마을-가음산-야월교회-운곡마을-묘도-죽도-당두상정-백바위해수욕장-창우선착장-동일염전-불갑방조제둑길-동산교에 이른다.

　이런 큰 프로젝트가 기획되는 가운데 동촌과 설도의 옛길을 순교자의 길로 지정하고 설도의 입구에 순교자의 길 기념비를 세우게 되었다.

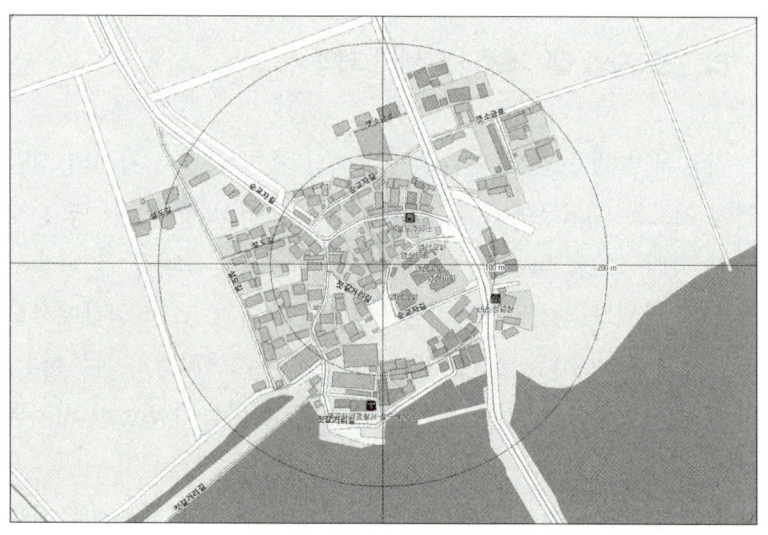

[그림 8] 순교자의 길 안내도

[그림 9] 순교자의 길 기념비

7) 순교기념공원 조성과 활용

1998년 3월 30일부터 6월 말까지 교회당 주변의 2,000여 평의 부지를 확보하고 순교기념공원 조성을 위한 높이 3m, 길이 200m의 옹벽공사, 흙메우기공사, 조경공사 등을 시작하였다. 바다에서 나온 흙과 마사 등을 대형 트럭으로 500여 차 투입하였고 상오와 월암산 등지에서 자란 자연 소나무를 이식하여 조경하였다.

교회 동산 남쪽 언덕을 절개하여 진입로를 확보하고 해남과 남원에서 한 차당 당시 100만 원씩의 경비를 들여 운반해온 조경석으로 전체적인 조경을 하는 대대적인 공사가 3개월 동안 진행되었다. 그리고 잔디를 심으니 순교기념공원의 기반이 조성되었다.

[그림 10] 순교공원 조성

8) 순교자 77인의 합장묘지 조성과 활용

[그림 11] 77인의 순교자 합장묘지

2005년 9월 19일 순교자료전시관 공사 중에 나온 흙과 77개의 돌멩이를 이용하여 77인의 합장 봉분을 교회 앞 순교공원 중앙에 조성하였다. 염산면 관문인 돌팍제 산에 모셔져 있던 노병재 집사를 비롯한 노씨 일가의 묘를 시작으로 이장하여 합장묘지를 조성하였다. 순교자 노병재 집사의 장남 노형기 집사를 비롯하여 당시 신앙생활을 같이 했던 김용시 장로와 김근배 장로가 동참하였다.

9) 영상물(V-CD) 상영과 소책자 발간 배부

2003년 7월 25일 약 2,000만 원의 경비를 들여 "77인의 순교자" 영상물 2,000장을 제작하고, 또한《77인의 순교사》책자를 2,000권 발간하여 배부하였다. 책자는 소책자로 무료로 주었기 때문
인지 얼마 되지 않아 품절되었고, V-CD는 다시 추가 제작을 해서 지금은 1장에 1만 원씩 무인 판매를 하고 있다.

(1) '77인의 순교자' V-CD의 내용 개요

1996년 염산교회 순교기념사업회가 발족하여 가장 먼저 자료를 수집하는 일을 했다. 이후로 계속 자료를 수집하면서 많은 증인들에게 증언을 녹취하고 그것을 바탕으로 정리하여 다큐멘터리 형식으로 광주중앙교회 임낙관 집사가 운영하는 전문 기획사인 산여울 기획사에서 "77인의 순교자"라는 제목으로 기획 제작하였다.

"77인의 순교자" 영상 내용의 핵심은, 오늘 우리가 누리는 모든 부요와 축복은 결코 우연이 아니고 우리나라와 민족과 교회를 위해서 순교자들의 피 흘림이 있었기 때문이며, 우리 속에는 지금도 그

순교의 피가 흐르고 있다는 사실을 환기시키면서 우리는 순교자의 후손이라는 것과 더 나아가서 순교자적 삶을 살아야 한다는 메시지를 담고 있다.

(2) 소책자《77인의 순교자》내용 개요

세계 교회가 경이적인 눈으로 보고 있는 한국교회는 매우 짧은 사역 기간임에도 불구하고 감당키 어려울 만큼 엄청난 수난의 상처를 간직하고 있다.

"순교의 피가 교회의 씨앗이다"라는 터툴리안의 말처럼 오늘의 한국교회의 모든 영광과 부흥은 '오직 예수 그리스도만을 존귀케 하려고' 믿음으로 살다 간 순교자들의 증거 때문임을 부인할 사람은 아무도 없다.

그들은 주님을 사랑하기에 '땅 끝까지' 가는 데 발걸음을 멈추지 않았고, '목숨까지' 자신의 전부를 바치기를 머뭇거리지 않았다. 더구나 해방된 땅에서, 한핏줄의 동포로부터 당해야 했던 수난은 이 민족이 일제에게 당하는 고통보다 더한, 살을 도려내는 아픔이었다.

6·25 한국전쟁 53주년이 지난 오늘, 우리는 잊혀져 가는 순교자들을 기념하면서 흐트러져 가는 믿음을 점검하는 계기가 되어야 한다고 생각한다.

일제 식민통치로부터 해방된 남한은 민주주의를 정착시켜 보려는 노력으로 2~3년을 혼란기의 와중에서 헤어나오지 못하였다. 식민잔재 청산하랴, 좌우익 사상 조정하랴, 새로운 서구문물을 받아들이랴 우왕좌왕하고 있었다. 그러는 사이 북한은 토지개혁과 사상

정리를 했을 뿐 아니라 '남조선 해방'이라는 기치 아래 강력한 군대까지 만들었다.

오랜 준비와 훈련으로 강화된 공산군은 탱크를 앞세워 기습적으로 38선을 넘었다. 남침이 있으리라는 수없는 정보에도 제대로 준비를 갖추지 못한 국군은 힘없이 밀려나 3일 만에 서울을 내어주는 참패를 당했다.

8월 15일까지 한반도 적화통일이라는 목표 아래 부산을 향해 총진군하였으나 낙동강 방어선에서 저지당한 후로는 끝없는 공방전이 계속되었다. 유엔군의 참전과 인천 상륙작전의 성공으로 전세가 하루아침에 돌변했다.

승승장구하던 공산군은 9·28수복 후 허리가 잘린 채 패퇴를 거듭하였다. 후퇴하던 그들은 교회 지도자들과 신도들을 강제로 끌고 가다가 곳곳에서 생매장, 총살, 타살 등으로 집단 살해하였다.

특히 염산교회는 바닷물에 수장을 당하는 세계 기독교 역사상 그 유례를 찾아볼 수 없는 순교사화를 가지고 있다. 그럼에도 불구하고 체계적으로 논증되어 세상에 내놓은 것이 별로 없어 늘 안타까웠다.

따라서 필자는 부족하지만 그동안 모아 온 자료들을 정리하여 재조명하는 차원에서 이 책을 저술하게 되었다.

10) CTS-TV 인터넷 동영상 제작과 방영

(1) 인터넷 프로그램명 : 복음동네 이야기

CTS-TV 목포지역국 류혜선 팀장의 기획과 연출 감독으로, 염산교회 출신이며 대한예수교장로회 통합교단의 총회장을 지내고 세계어촌선교회 회장이며 동 교단의 300만전도운동의 본부장인 안영로 목사가 염산교회 순교자들의 발자취를 따라서 동행 취재를 하는 형식으로 구성 편집된 것으로, 1시간 정도 분량으로 이루어져 있다.

2008년 12월 20일에 CTS-TV의 "복음동네 이야기"라는 프로그램에서 "순교자의 피-생명의 젖줄 되어"라는 제목과 "염산교회 77인의 순교자"라는 부제로 방송되었고 계속해서 CTS-TV 인터넷 동영상으로 상영되고 있다.

(2) 인터넷 프로그램명: 2008년 CTS 특집

CTS 창사 기념 특집으로 "한국 성지순례 별별 이야기"라는 제목의 5부작으로 한국전파진흥원에서 제작되었다. 그중에 2008년 12월 1일 CTS-TV를 통해 5부작 중 2편으로 "한국교회를 있게 한 순교의 피"라는 부제로 방송되었다.

제1편은 오늘의 한국교회가 있게 된 것은 첫째로 선교사들이 있었기 때문이고, 제2편은 두 번째로 순교자들이 있었기 때문이라는 전제하에 화성의 제암교회와 유관순의 매봉교회와 염산교회의 순교를 소개하는 내용으로 편성되었다. CTS-TV 인터넷 동영상으로 언제든지 볼 수 있다.

11) 염산교회 순교 성지순례 탐방 상품 개발과 활용

2009년 5월 중순부터 시작된 한국철도공사(코레일) 광주지사의 기독교 성지순례 탐방열차 운행을 계기로 전남 영광이 전국적 종교

테마 관광지로 부상하고 있다. 영광은 인구 6만 명의 작은 도시이지만 6·25한국전쟁 때 공산주의에 반대한다는 이유로 북한군에 의해 수장된 영광지역 기독교인 194명의 순교기념관과 순교탑 등 기독교 유적이 즐비하다.

단일 교회로는 가장 많은 교인들이 희생된 염산교회와 설도항에는 당시 극심한 이념 대립의 혼란 속에서 미처 퇴각하지 못한 북한군들이 '반공'과 '교회 탄압 반대'를 외치던 이들을 바다에 빠뜨려 숨지게 한 슬픈 순교의 역사가 서려 있다. 북한군들은 목숨을 걸고 민주주의와 신앙을 지키려던 기독교인들의 목에 무거운 돌을 새끼줄로 매달고 설도항 앞바다에 던져 숨지게 했다.

염산교회와 영광군이 기독교 성역화 사업을 추진해 2003년 6월 3억 5,000만 원의 군 예산을 들여 설도항에 순교기념탑을 건립하면서부터 매년 수만 명이 다녀가는 순교지 코스로 명성을 떨치고 있으며, 성지순례 탐방열차 운행 이후에는 순례자들이 한층 늘었다.

해안 절벽과 거북바위, 모자바위 등 전국 최고의 드라이브 코스 중 하나로 꼽히는 17㎞ 길이의 백수해안도로 등 바닷물이 넘실거리는 해안가가 유독 많은 영광지역은 지형적 여건상 예부터 외래 문물의 통로가 되었다.

코레일 광주지사 영업팀 안종옥(43) 파트장은 "수도권 교회 등에서 30명 단위로 탐방열차를 즐겨 찾고 있다"고 말했다.[표 12]

12) 순교 체험 프로그램 개발과 운영[표 13]

세계 유일의 순교 체험 프로그램이 실시되는 기독교영성사관학교를 비전으로 삼고 현재 20여 가지의 순교 체험 프로그램을 개발하여 부분적으로 시도하고 있다. 예를 들면, '돌멩이 순교 체험'이란 '순교 돌'을 목에 걸고 교회에서 출발하여 순교 현장인 수문까지 왕복하는 것이며, '새끼줄 순교 체험'이란 '순교 새끼줄'로 묶고 순교자의 길을 도보로 행진하면서 순교자들의 심정을 경험해 보는 것이며, '수장 체험'은 순교의 돌멩이를 목에 달고 수문 앞 바닷물에 뛰어들어가는 것이다.

이렇게 '골방 순교 체험', '김방호 순교 체험', '허상 순교 체험', '노병재 순교 체험', '기삼도 순교 체험', '장병태 순교 체험', '분주소 감옥 체험', '옛 교회생활 체험', '베드로 체험' 등 24개의 프로그램을 준비하고 있다.

13) 순교 53주년 기념식과 영광군기독교순교연구소 개소와 운영

2003년 10월 3일 순교 53주년을 맞아 전국적으로 흩어져 살고 있는 순교자 가족과 후손과 출향인들을 초청하여 순교 53주년 기념식 및 순교기념예배를 처음으로 드리며 순교자 유가족 기념패와 약간의 위로금을 전달하고 위로했다. 내용을 약술하면 다음과 같다.

제1부로 염산교회 77인의 순교 53주년 기념식이 2003년 10월 3일 오전 11시에 염산교회당 본당에서 담임 김태균 목사의 사회로 시작되었다. 사회자 김태균 목사의 순교기념사가 있은 후에 "77인의 순교자"라는 영상을 감상하고, 순교자 유가족들에게 염산교회 순교기념사업회에서 순교기념패를 증정하고 유가족 대표로 순교자 김방호 목사의 손자이며 담양 용연교회를 시무하고 있는 김금성 목

사가 유족들을 대표하여 내빈들에게 인사했다.

그리고 영광군을 지역구로 활동하고 있는 이낙연 국회의원이 축사를 담당하였고 광주 '하나된교회'를 시무하는 김태균 준목이 특송을 해줌으로 순교 53주년 기념식을 마쳤다. 그리고 순교교육관 앞에서 이낙연 국회의원을 비롯하여 참석한 기관장들과 함께 영광군기독교순교연구소 현판식을 거행했다. 이때 참석한 기관장은 이낙연 국회의원, 김봉열 영광군수, 김강헌 군의원, 서택진 염산면장, 염산경찰지서장, 대한노인회 염산지부장, 염산청년회장 등이 참석했으며, 또한 조석규 목사, 조운해 목사, 유명석 목사, 박종현 목사, 유병남 목사, 이강석 목사, 조봉근목사, 김금성 목사, 김권배 목사 등 여러 목회자들이 함께 현판식에 참여하여 '영광군기독교순교연구소'가 본격적으로 출범하였다.

연구소장에는 김태균 목사, 간사에는 광주 '생명이 있는 교회'를 시무하는 이병남 목사를 선임하고 교수 5명, 언론인 5명, 기획사 2사를 모시기로 하였다.

염산교회 77인의 순교 53주년 기념식과 영광군기독교순교연구소 현판식이 끝난 후에 제2부로 예배와 임직식이 거행되었다. 김태균 목사의 사회로 이강석 목사의 기도와 이병남 목사의 마태복음 28장 18-20절의 성경봉독 후에 광신대학교 대학원장인 조봉근 목사가 '교회의 사명'이라는 제목으로 설교하고 기도한 후에 2부 예배를 마쳤다. 그리고 박종현 목사의 박인용·김상윤 집사의 안수기도와 조운해 목사의 노옥숙·최연님·이복희 권사 취임기도와 유명석 목사와 김권배 목사의 권면과 임직자 가족들의 특송이 있은 후에 최종천 장로의 광고 및 인사와 본 교회 교역자 출신인 조석규 목사의 축도로 모든 순서를 마쳤다.

14) 수련회와 교육 장소로 전국 교회에 소개 및 활용

한국 기독교 순교 최대 유적지라는 이미지로 언론과 인터넷 등을 이용하여 소개하고 있다.

1996년 순교교육관을 준공하고 1997년부터 순교교육관을 활용하는 수련회 및 교육의 현장으로 사용되기 시작하였다. '77명의 순교자를 낸 염산교회' 또는 '순교자의 피가 흐르고 있는 염산교회'로 점진적으로 부각되면서 전국적인 수련회 장소로 각광을 받게 되었다. 자료전시관과 순교체험관이 완공되어 숙소를 완비하면서 본격적으로 전국적인 수련회 및 교육 장소로 활용하기에 이르렀다.

현재 체험관 내부의 믿음방, 사랑방, 소망방과 별관의 다락방과 전시관의 대형공간인 은혜방 등을 사용하고 있으며 점진적으로 숙소를 확대할 계획을 가지고 있다. 앞으로 옛 교회당을 복원하고 창고, 감옥, 골방 등을 숙소화하면 더욱 큰 집회도 소화할 수 있는 규모를 갖추게 될 것이다.

다음은 인터넷에서 소개하고 있는 내용을 그대로 옮겨 본다.

한국 기독교 최대 순교 유적지
77인의 순교자를 낸 염산교회

계절마다 변화하는 아름다운 자연환경을 가진 영광에서 지리적으로 가장 편리한 항구 조건을 갖춘 염산면 봉남리는 예로부터 함평, 무안, 신안을 연결하는 교통 요충지로 유명한 곳이다. 바로 여기 영광읍 염산면 봉남리에 6·25 때 인민군들에 의해 교회당이 불바다가 되고 김방호 목사와 허상 장로 등 전교인 2/3에 해당하는 77명의 교인들이 순교한 염산교회가 있다.

[그림 12] 77인의 순교자를 낸 염산교회

[그림 13] 염산교회 순교자를 기념하는 77인 순교기념비

[그림 14] 염산 기독교순교체험관

[그림 15] 수문에 세워진 기독교인 순교탑

경기도 용인시 양지면 추계리 산 84-1번지에 소재한
한국기독교순교자기념관 소개

[그림 16] 서해안 최남단 염산교회 순교자

인천광역시 부평구 갈산동 5-12번지에 소재한
한국선교역사박물관 소개

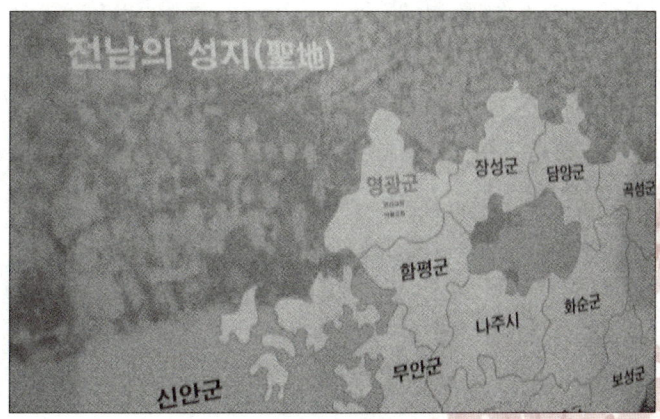

[그림 17] 전남의 성지 염산교회

[그림 18] 수문에서의 순교 참상의 현장

전남 광양시 진상면 황죽리에 소재한
광양기독교선교100주년기념관 소개

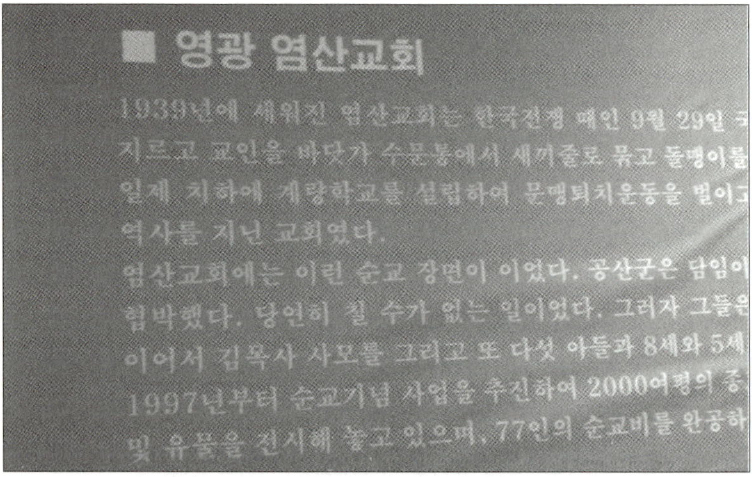

[그림 19] 영광 염산교회 순교성지

[그림 20] 영광 염산교회 순교자 김방호 목사

[그림 21] 초대 염산교회 모습(1942년)

결론

염산교회의 순교적 사명

염산교회의 순교적 사명

한국 기독교 120년 역사상 단일 교회에서 가장 순교자를 많이 낸 교회가 염산교회이다. 그래서 염산교회를 한국 기독교 최대 순교 성지라고 부른다. 염산교회는 1950년 6·25 한국전쟁과 좌우익의 사상적 갈등 속에서 교회와 사택을 빼앗기고 목회자와 교인들은 오직 신앙으로 비밀리에 예배를 드리며 신앙을 지켜왔다.

서울 수복 후 9월 29일 영광군청에 대한민국 국군이 진군해 들어올 때 목포로부터 흘러들어 온 정보에 의해 염산교회 교인과 청년들은 밤새도록 환영 플래카드와 태극기 등을 만들어 환영대회를 주도했다는 이유로 공산당에게 교회 앞 바닷가 분주소 광장으로 끌려갔다.

그들은 새끼줄로 꽁꽁 묶인 상태에서 돌멩이를 목에 달고 기도한 후 "주 예수를 믿으시오"라고 전도하고 찬송하며 마지막 수문통 바닷물 속에서 죽음을 맞이했다. 공산 세력의 회유와 협박과 시험과 환난 중에도 신앙을 지키기 위해 죽음을 택한 그들은 진정 위대했다. 그들의 신앙이 지금도 살아 숨쉬는 곳이 바로 염산교회이다.

순교자란 기독교인이 자신의 신앙을 지키기 위해 어떤 물리적 압박이나 조직, 제도의 권위에 굴하지 않음으로 죽임을 당한 자란 의미이다. 염산교회 77인의 순교자들의 신앙을 보면 분명하게 정리되는 몇 가지가 있다.

첫째, 그들은 그리스도의 거룩한 희생의 발자취와 초대교회의 순교정신을 그대로 계승하고 있는 점이다. 가족들과 함께 순교한 김방호 목사의 마지막 모습을 보면 예수님께서 십자가에 못 박히는 순간에도 전혀 흐트러짐 없이 의연하셨던 모습과 다르지 않았다. 그는 그 큰 고통 중에서도 자녀들을 향해 신앙적 독려를 아끼지 않았고 가해자들에게는 용서와 복음을 전하는 모습을 보였다. 마치 스데반 집사가 돌을 던지는 가해자들을 보고 무서워하지 않고 오히려 하늘 보좌 우편에 계신 주님을 바라보며 기도하는 가운데 순교하는 모습을 그대로 연출하고 있는 것이다.

둘째, 사람이 죽고 사는 문제는 전적으로 하나님의 예정과 주권 안에 있다는 믿음을 가지고 있었다. 얼마든지 피신할 수 있음에도 불구하고 하나님께 생사를 맡기고 주의 복음과 교회 사수와 교인 목양을 위해 진력한 것이다.

셋째, 평신도 한 사람까지도 천국관이 매우 분명했다. 박귀덕 권사의 장녀 김옥자는 당시 15세 나이임에도 3세인 막내 동생 김미자를 업고 끌려가면서 우는 동생에게 "울지 마라. 우리는 지금 천국 간다"라고 달래면서 끌려가 순교했는데, 이것은 천국관이 얼마나 분명했는가를 보여주는 단적인 예이다.

넷째, 목회자와 성도가 얼마나 아름다운 관계였는가를 보여주고 있다. 교인들은 피신을 가지 않은 김방호 목사와 함께하기 위해서 교인들은 끝까지 동행하였다. 양들을 버리고 떠나지 않은 목자와 끝까지 목자와 함께하기 위해서 피신하지 않은 양의 관계를 조명해 볼 때 이 시대의 아름다운 사표가 아닐 수 없다.

다섯째, 그리스도인으로서의 정체성이 분명했다. 장병태 성도의 경우를 보면 1950년 3월에 세례를 받은, 아직은 어린 성도임에도 불구하고 다른 사람들의 눈치를 보지 않고 특히 공산당원들을 두려워하지 않고 자신의 집에 목사님을 모실 정도로 담대하고 분명한 신앙을 갖고 있었다. 뿐만 아니라 김방호 목사의 가족을 죽인 공산군인들이 자신을 죽이려고 때리는 순간 무릎 꿇고 두 손을 모으고 "주여, 감사합니다. 저 같은 사람도 목사님 가신 순교자의 길에 동참케 해 주시니 감사합니다"라고 기도함으로 자신의 기독교인의 정체성을 공산당원들에게 분명하게 확인시켜 보여주었다.

염산교회는 1939년 9월 20일 염산면 옥실리 3-7번지의 이봉오 씨 자택에서 기도처로 창립되어 제1대 허상 전도사가 평신도로 섬기다가 정식으로 평양신학교를 나온 제2대 원창원 목사가 교회의 틀을 형성했다. 그리고 제3대 교역자로 김방호 목사가 1950년 3월 10일 부임하여 76인의 교인들과 함께 순교함으로 사실상 순교교회로, 이미지화되어 있었지만 반세기 동안 묻혀 있었던 것이 사실이다.

김방호 목사는 1895년 경북 경산에서 가난한 농부의 아들로 태어났으며, 1919년 3·1독립만세운동에 가담하여 독립운동가로 민족을 위해 젊음을 불태웠다. 그러던 어느 날 산속에서 희미한 불빛을 따라 찾아간 곳이 부흥회가 열린 산수 갑산의 어느 교회였고 그곳에서 은혜를 받고 새로운 인생으로의 출발을 하게 된다.

부흥강사의 소개로 한영서원을 졸업하고 충남 서천과 전북 김제를 거쳐 전남지방 도대선 선교사의 조사로 활동하다가 전남 장성에 정착하여 장성 소룡리교회 장로로 장립을 받았다.

1927년 42세의 나이로 평양신학교에 입학하여 6년 만인 1933년 평양신학교를 졸업하고 전남노회에서 목사 안수를 받았다. 영광읍교회, 신안 비금 덕산교회, 나주 상촌교회, 영산포교회에서 시무하다가 1950년 65세의 나이에 염산교회로 부임하여 목회하던 중 한국전쟁을 맞았다.

예배당과 사택을 빼앗기고 지하교회에서 목회하며 위험에 처했을 때 김동근 장로와 김형호 장로 등 교인들이 목선을 준비하고 피난하기를 권했지만 "목사가 어떻게 목장을 떠나 다른 곳으로 가겠습니까?" 하며 끝까지 교회와 교인들 옆에 남아 있고자 하였다. 그러던 어느 날 심방을 계속하던 중 장병태 성도의 마당에서 수많은 사람들이 지켜보는 가운데 이렇게 기도하였다.

"주여, 독립군이란 명목으로 무수한 생명을 살해한 죄인입니다. 저를 용서하시고 제자로 불러주시고 당신의 아들로 삼아 오늘까지 사용해 주심을 감사합니다."

그는 결국 많은 눈물을 흘리며 기도하며 찬송하는 가운데 초대교회의 스데반 집사처럼 돌과 몽둥이에 맞아 순교했다. 1950년 10월 27일 공산 좌익세력에게 붙잡혀 매를 맞고 미군의 앞잡이 스파이로 몰려 여덟 식구가 한날한시에 죽임을 당한 것이다.

그 당시의 상처가 오랜 세월이 흐른 지금까지 아물지 않고 상존하는 지역 정서와 현실 속에서 역사 속에만 묻혀 있는 것을 안타깝게 여기고 지역 교계에서는 염산교회와 뜻을 같이하여 순교자기념사업위원회를 결성하였다. 15년 전인 1996년부터 염산교회 77명의 순교자들의 순교신앙 유산을 보존 계승하며, 후손들에게 순교신앙의 학습과 체험의 장으로 삼게 하고, 금세를 사는 우리는 순교자의 피가 흐르는 순교신앙의 후손임을 깨닫고 시대적 사명인 지역 복음화와 세계 선교의 사명을 감당하고자 하는 데 그 목적이 있다.

약 80억 원의 예산으로 기독교 순교 유적지 성지화 사업을 진행하는 중에 1996년 이후 수년 동안 교회 자체적으로 매년 예산을 세워 교인들이 순교헌금으로 낸 기념사업비와 지방자치단체인 영광군의 지원금 등을 투자하여 지금까지 순교기념공원, 77인 기념비, 합장묘, 자료전시관, 순교교육관, 주차장, 순교체험관 등의 시설을 갖추어 왔다.

영광군의 인구는 2009년 말 현재 약 5만 8천여 명으로 90여 개 교회가 있으며, 11개의 읍면 가운데 하나인 염산면의 인구는 약 4,500명에 12개 교회와 약 1천여 명의 기독교인으로 25%의 복음화를 이루고 있다. 복음화율 부분에서는 영광군에서 가장 높은 곳이기도 하다.

영광군 지역 교회들이 특히 복음의 등대 역할을 하고 있는 것은 지역적인 특성도 한몫을 한다. 종교적, 영적 전쟁터로서 굴비의 고장인 법성포구를 통하여 불교가 유입되었기에 불교가 성행할 뿐 아니라, 백수면에서는 원불교 교조가 탄생하여 원불교의 성지라고 불리며 관광객들과 원불교 교인들이 수없이 드나드는 곳이기 때문이다.

현재는 순교역사의 현장으로서 고귀한 순교자들의 핏값이 헛되지 않아 아직은 기독교인들이 많은 곳이긴 하지만, 시간이 흐를수록 앞으로의 상황이 어떻게 달라질지 예측하기 어려운 현실이다. 그동안 묻혀 있던 역사적인 사실들과 기독교 순교자 신앙과 정신을 기리기 위하여 1996년부터 본격적으로 선교기념사업이 추진되어 순례지로서의 빛을 보게 되었다. 영광군의 적극적인 지원으로 2003년에 설도포구에 기독교인 순교탑을 세우기 시작하면서부터 한국 기독교 최대 순교 유적지로 더욱 각광을 받게 되었다.

따라서 수많은 탐방객들에게 보다 더 체계적이고 효과적인 성지 순례 탐방과 교육 및 수련을 할 수 있도록 편의를 제공하고 400여 점의 자료 및 유물을 잘 보존 관리하고 전시할 수 있도록 하였다.

성도들에게 믿음으로 승리한 순교자들의 모습과 삶과 흔적을 직접 체험케 함으로써 변화와 도전을 주고, 삶의 현장에서 순교신앙과 정신으로 교회와 하나님 나라를 위해 헌신하게 하는 데 일조함으로 그 가치와 영향은 높이 평가되고 있다.

따라서 오늘의 우리나라가 번영과 축복을 누리는 것과 또한 세계 선교 2위의 강국이 된 것은 결코 우연이 아니다. 첫째는 선교사들의 희생과 헌신 때문이요, 둘째는 믿음의 순교자들이 우리나라와 민족과 교회를 위해 생명을 바쳤기 때문이다.

염산교회 순교성지는 앞으로 세계 유일의 독창적인 순교 체험 프로그램이 실시되는 기독교 순교사관학교가 되기를 꿈꾸고 있다. 필자 역시 한 지역의 평범한 목회자가 아닌 전국구 목사로 한국교회를 섬긴다는 자부심을 가지고 우리나라와 세계 속에 기독교 문화가 뿌리 내리고 바로 세워지는 일에 일조하기 위해 노력하고 있다. 기독교 문화유산 해설가로 순교 유적지 현장에서 뛰는 것을 기쁨으로 생각하며 후세들에게 오직 순교신앙과 기독교의 역사성과 정체성을 심어주는 데 역점을 두고 있다.

이곳 순교성지를 찾아오는 모든 이들에게 분명한 기독교 신앙과 역사성과 정체성을 심어줄 뿐만 아니라 순교자의 후예로서의 자긍심을 갖게 해주며, 더 나아가 순교신앙으로 삶의 현장을 섬기며 세계 선교의 주역이 되게 하는 데 일조하는 것이 우리 교회의 사명이며 축복이라고 생각한다. 또한 한국 기독교 유산으로서 그 가치와 평가가 갈수록 높아지도록 계속적인 연구 발굴에 힘쓰고자 한다.

부록

표
참고문헌

【표 1】

1949~1950년 한국전쟁 직전까지
영광지방 전투상황(영광경찰서)

전 투 일 자	전 투 장 소	전 투 일 자	전 투 장 소
1949년 1월 21일	"전남 영광군" 백수읍 구수산	1949년 4월 27일	"전남 영광군" 군남면 포천리
1949년 1월 27일	"전남 영광군" 불갑면 불갑산	1949년 4월 27일	"전남 영광군" 대마면 원흥리
1949년 21월 28일	"전남 영광군" 염산면 상계리	1949년 6월 14일	"전남 영광군" 백수읍 구수산
1949년 3월 7일	"전남 영광군" 불갑면 불갑사	1949년 7월 5일	"전남 영광군" 법성면 대덕리
1949년 3월 7일	"전남 영광군" 대마면 태청산	1949년 8월 9일	"전남 영광군" 불갑면 불갑사
1949년 3월 7일	"전남 영광군" 염산면 돌팍재	1949년 8월 19일	"전남 영광군" 불갑면 안맹리
1949년 3월 7일	"전남 영광군" 불갑면 금계리	1949년 9월 4일	"전남 영광군" 백수읍 구수리
1949년 4월 4일	"전남 영광군" 백수읍 구수산	1949년 9월 5일	"전남 영광군" 백수읍 구수산
1949년 4월 7일	"전남 영광군" 염산면 돌팍재	1949년 9월 15일	"전남 영광군" 군남면 용암리
1949년 4월 12일	"전남 영광군" 영광읍 와룡리	1949년 9월 28일	"전남 영광군" 백수면 입석리
1949년 4월 12일	"전남 영광군" 염산면 돌팍재	1949년 10월 19일	"전남 영광군" 묘량면 영양리
1949년 4월 12일	"전남 영광군" 묘량면 연암리	1949년 11월 167일	"전남 영광군" 백수읍 구수산
1949년 4월 12일	"전남 영광군" 대마면 고성산	1949년 12월 5일	"전남 영광군" 백수읍 대신리
1949년 4월 12일	"전남 영광군" 백수읍 구수산	1950년 5월 13일	"전남 영광군" 염산면 봉남리
1949년 4월 12일	"전남 영광군" 불갑면 불갑산	1950년 6월 2일	"전남 영광군" 염산면 돌팍재

【표 2】

염산교회 순교자 명단

번호	성 명	신 급	생년월일	주 소	순교일 및 장소
1	김방호	목 사	1887. 7. 14	염산면 봉남리 설도	1950. 10. 26 옥실리 신옥
2	김화순	사 모	1898. 1. 5	〃	〃
3	김 현	신학생	1925. 4. 15	〃	〃
4	김 정	세 례	1928. 3. 26	〃	〃
5	김 전	세 례	1934. 7. 22	〃	〃
6	김 완	세 례	1935. 5. 8	〃	〃
7	김선웅	세 례	1942. 8. 26	〃	〃
8	김연경	세 례	1945. 3. 3	〃	〃
9	허 상	장 로	1879. 2. 10	군남면 옥실리 신옥	1950. 10. 23 봉남리 한시
10	이순심	집 사	1885. 5. 15	〃	〃
11	김삼동	집 사	1910. 2. 24	〃	1950. 10. 13 옥실리 내묘
12	노병재	집 사	1906. 9. 21	염산면 봉남리 설도	1950. 10. 8 봉남리 설도
13	장일영	집 사	1911. 4. 22	〃	1950. 10. 22
14	김식산	집 사	1884. 8. 15	〃	〃
15	노순기	학 습	1930. 5. 23	〃	1950. 10. 8
16	노옥기	학 습	1934. 11. 12	〃	1950. 10. 22
17	노준오	주교생	1937. 6. 13	〃	〃
18	노무곡	주교생	1941. 6. 7	〃	〃
19	노오차	주교생	1944. 11. 8	〃	〃
20	노육차	주교생	1946. 1. 16	〃	〃
21	정도례	세 례	1886. 9. 9	군남면 옥실리 신옥	1951. 1. 6
22	기삼도	세 례	1927. 4. 18	〃	1950. 10. 7
23	김동춘	신 입	1904. 5. 15	〃	〃

24	노병인	학 습	1910. 8. 9	염산면 봉남리 설도	1950. 10. 12
25	이선임	학 습	1913. 2. 13	〃	1950. 10. 22
26	노원례	학 습	1933. 10. 24	〃	〃
27	노용길	학 습	1934. 12. 16	〃	1950. 10. 8
28	노용남	주교생	1936. 3. 10	〃	1950. 10. 22
29	노정자	주교생	1940. 9. 19		〃
30	노신자	주교생	1943. 6. 13		〃
31	노병규	신 입	1906. 2. 3	〃	1950.10.24
32	박귀님	학 습	1918. 8. 10		〃
33	노상기	신 입	1930. 12. 10		〃
34	노옥순	주교생	1934. 11. 21		〃
35	노일석	주교생	1937. 9. 6		〃
36	노경남	주교생	1939. 6. 6		〃
37	양정자	세 례	1889. 9. 19		1950. 12. 4
38	김순님	세 례	1928. 9. 23		〃
39	김조남	주교생	1940. 8. 15	염산면 봉남리 설도	1950. 12. 4 봉남리 설도
40	이희연	유 세	1945. 5. 5		〃
41	김동열	신 입	1950. 11. 9		〃
42	정도애	신 입	1899. 1. 2		〃
43	김용환	신 입	1924. 4. 5		〃
44	김춘희	주교생	1934. 3. 20		〃
45	김옥자	주교생	1936. 4. 6		〃
46	김금자	주교생	1940. 2. 5		〃
47	김신자	주교생	1942. 3. 7		〃
48	김미자	주교생	1948. 10. 8		〃
49	전유너	신 입	1912. 10. 1	〃	1951. 1. 6
50	김군자	신 입	1947. 9. 3		〃

51	양사차	신 입	1930. 7. 1	〃	1950. 10. 12
52	김부옥	신 입	1918. 8. 29	〃	1950. 10. 3
53	양처녀	신 입	1920. 11. 6	〃	1950. 10. 22
54	김희자	주교생	1940. 3. 4	〃	〃
55	김부자	주교생	1944. 5. 6	〃	〃
56	배길례	신 입	1872. 4. 5	〃	〃
57	장대일	신 입	1891. 3. 10	〃	〃
58	김순애	신 입	1893. 10. 6	〃	〃
59	장공삼	신 입	1923. 5. 8	〃	〃
60	김임순	신 입	1928. 6. 16	〃	〃
61	장안택	신 입	1927. 9. 4	〃	〃
62	장귀남	주교생	1946. 1. 19	〃	〃
63	전준채	신 입	1927. 8. 7	〃	1950. 11. 24
64	김길순	신 입	1905. 2. 3	〃	〃
65	전삼차	신 입	1934. 7. 1	〃	〃
66	전사차	신 입	1936. 9. 10	〃	〃
67	전오차	주교생	1943. 3. 1	〃	〃
68	최용진	신 입	1894. 10. 5	〃	〃
69	최처녀	주교생	1944. 5. 7	〃	〃
70	최유삼	주교생	1942. 3. 1	〃	〃
71	최삼녀	주교생	1947. 9. 1	〃	〃
72	최이남	주교생	1941. 8. 10	〃	〃
73	최사녀	주교생	1942. 4. 6	〃	〃
74	최오녀	주교생	1945. 7. 8	〃	〃
75	최육녀	주교생	1948. 2. 5	〃	〃
76	조생길	신 입	1912. 3. 5	〃	〃
77	서소단	신 입	1916. 7. 6	〃	〃

【표3】

교회 설립 70주년 및 순교 기념 행사 (2009. 9. 12)

1. 70주년 행사 담당표

1. 접수 및 방명록 : 김상윤 박인용 황선경 최금옥

2. 손 소독 담당 : 박순희 황연숙 이승미

3. 안내위원   1) 마당 : 주은숙 양 순 김금자
            2) 1층 : 이정자 김정순 강길선
            3) 2층 : 박옥순 김연이 김미화
            4) 강당 : 이복희 임지선

4. 접대위원(식당) : 최연님 박락순 노금숙 이옥선 봉명희 이수순
                 조화형 김봉순 정 숙 강영미 정본순 이수정

5. 의전위원
   1) 기관장 : 김대귀 김광연 안종일 정형곤 김한춘 이규정
             황용민
   2) 지역 출신 : 박성수 김성배 박현구 노장기 황용백 한형식
               최종중 양동채 박정래
   3) 교계 인사 : 최종천 조운해 노옥숙

6. 주차위원

    1) 교회 입구(진입로) : 김경상 정기춘

        ① 개인차 : 주차장으로 직진 안내 → 대형주차장에 주차

        ② 다인차 : 교회 마당으로 안내 → 하차 후 → 주유소 쪽
           대형 주차장

    2) 교회마당(하차) : 양덕열 이학근 장남석 이규혁 최하규

        ① 교회마당의 교통 차량 통제 및 정리 정돈

        ② 다인차는 하차 후에 주유소 쪽으로 안내

    3) 주유소 앞(주차장으로 안내) : 안우상 노진영

        ① 주차장으로 안내 위해 큰 도로 교통 통제와 안내

        ② 인도와 차도를 안내

    4) 대형주차장(차량정리) : 노진수

7. 찬양 및 진행 : 청년부팀과 별동대 지원팀

8. 뷔페 배식은 사택 옥상과 1층 현관 앞에서 함.

    1) 사택 옥상팀 : 이정자 박옥순 김연이 주은숙 외 안내위원

    2) 1층 현관팀 : 최연님 초옥숙 이복희외 접대위원

9. 단체사진 촬영 예고

    1) 교인과 전체 봉사자들 사진 : 9시 30분에 집결(장소 : 계단 앞)

    2) 임직자와 항존직 사진 : 폐회 직후(장소 : 강당 앞)

- 70주년 기념행사에 동참하는 것은 내 일생에 단 한 번뿐인 영광과 축복 -

2. 예식 순서

제1부 기념축하공연 (오전 10시 30분)

광주헵시바몸찬양단 공연 .... 단장 **이경희** 집사
염산교회 유년부 공연 .... 지도 **최현숙** 집사
염산교회 청년부 공연 .... 리더 **최순영** 선생

제2부 기념감사예배(오전 11시)

                                          사회 조일섭 목사(대창교회)
기원 …………………………………………………… 인도자
찬송 …………………………50장 …………………………… 다같이
기도 ……………………………………………… 군서교회 **김용구** 목사
성경봉독 ………(골 4:10-13) ………… 영산제일교회 **김종호** 목사
찬양 …………………… 광주전남사모찬양단(단장 : **김승님** 사모)
설교 ………… 하나님의 뜻 …………… 증경총회장 **김정중** 목사
기도 …………………………………………………… 설교자
축도 ……………………………… 서광주노회장 **박상철** 목사

제3부 임직예식(안수집사 · 권사 취임 · 명예권사 추대)

사회 김태균 목사

서   약 ·· 당회장 김태균 목사
집사 안수 기도(백남철, 성강석) ················ 영남교회 김홍기 목사
악수례 ··· 안수위원
권사 취임 기도(최삼례 강연심 김정님 김영신 김영숙 서은정)
         ·· 염산대교회 최복수 목사
명예권사 추대 기도(박신연, 정정이) ··· 광주새한교회 이상덕 목사
공   포 ·· 당회장 김태균 목사
권   면 ··· 장성중앙교회 장종섭 목사
권   면 ··· 중앙장로교회 최준부 목사

제4부 격려사 · 축사 · 만찬

내빈 소개 − 기관장, 역대 교역자, 순교자 가족, 지역 출신 참석자
격려사 ························· 본 교회 출신 증경총회장 안영로 목사
격려사 ··· 서울목양교회 이광복 목사
축사 ·· 영광군 정기호 군수
축사 ·· 영광군의회 신언창 의장
축사 ··· 천보장학회 회장 탁연택 장로
인사 및 광고 ··· 최종천 장로
폐회 및 만찬기도 ·························· 제6대 교역자 안종열 목사

【표 4】

영광군 / 영광관광 버스투어 일정표

1. 운영기간 : 4월~11월(매주 토요일 09:00 광주역 앞 출발)

2. 참가내용 : 1인당 18,000원(굴비정식, 간식 등)

3. 투어코스 : 2코스 운영
   ○ 1코스 : 불갑사 → 불갑저수지 수변공원 → 백제 불교 최초 도래지 → 중식 → 원불교 영산성지 → 백수해안도로 → 기독교인 순교지
   ○ 2코스 : 불갑사 → 불갑저수지 수변공원 → 백제 불교 최초 도래지 → 중식 → 원자력발전소 → 원불교 영산성지 → 백수해안도로
   ○ 코스 운영 : 4월 ~ 8월은 영광원전 코스로 운영하며, 9월~11월은 1코스만(염산 설도젓갈 성수기) 운영

4. 신청접수
   ○ 인터넷 예약 : 영광군 문화관광 홈페이지
   ○ 전화 예약 : 영광군 문화관광과 (061)350-5750~3

【표 5】

염산면 홈페이지에서 소개하는 내용

관광문화 〉 설도항, 순교탑

■ 설도항

1934년경 육지와 연결되었다. 마치 '누워 있는 섬' 같다고 하여 '누운 섬' [臥島]으로 불리웠는데 일제가 지명을 한자로 바꾸면서 '눈섬' [雪島]으로 바꿔 표기해 오늘날에 이르렀다. 이곳에서 맛볼 수 있는 젓은 해수를 유입하여 결정시킨 미네랄이 풍부한 서해안 천일염으로 간질을 한 조개젓, 엽삭젓(송어젓), 황석어젓, 멸치젓, 갯물토화젓, 오젓, 육젓, 잡젓, 북새우젓, 짜랭이젓(병치새끼), 갈치속젓, 줄무늬젓, 명란젓, 창란젓, 꼴뚜기젓, 오징어젓, 숭어젓, 까나리액젓 등으로 그 수를 헤아리기도 벅차며, 여름철엔 보리새우(오도리), 추석엔 서대, 봄철엔 꽃게 등 연중 싱싱하고 풍성한 회를 즐길 수 있다.

■ 순교탑

6·25 당시 인민군과 교회 탄압에 항거, 신앙을 지키려다 194명이라는 많은 신자들이 순교한 곳이다. 이곳 설도 순교탑에 오면 이름 없이 사라져간 순교자들의 깊은 신앙심에 숙연해지까지 한다.

【표 6】

제1회 청소년 영광 체험 자전거 여행 대회 홍보 협조의 건

1. 영광 지역의 하나님 나라 확장에 고군분투하시는 노고에 주님의 사랑 안에서 깊은 감사를 드립니다.
2. 영광군 기독실업인회에서는 영광 지역의 아름다움과 희망을 간직하고 키우기 위해 낮은 자로 최선을 다하고 있습니다.
3. 영광은 백제 불교 최초 도래지이면서 원불교가 창시된 영적 깊이가 남다른 곳입니다. 또한 동족상잔의 아픔 속에 100여 명의 순교자가 주님의 이름을 지키고자 목숨을 바친 곳이기도 합니다.
4. 이에 저희 단체에서는 자라나는 청소년들에게 지역을 바로 알고 아픈 과거의 상처를 주 안에서 승화시킬 수 있도록 제1회 자전거 영광 체험 여행 대회를 다음과 같이 시행하려 하오니 교회 공동체에서 적극 협조하여 주시기 바랍니다.

= 다 음 =

1. **행사명** : 제1회 청소년 영광 체험 자전거 여행 대회
2. **일 시** : 2009년 5월 5일(화) 09:00 ~ 16:30
3. **행사 개요** : 자전거로 영광을 직접 체험하여 과거의 아픈 역사를 승화 계승하고, 영광인의 자긍심을 고취하는 여행 대회

4. 교회 협조 사항

　가. 기도 후원 : 매주 중보기도 필참
　　① 타 종교 산하 법인에서 시행 중인 어린이 대상 프로그램이 지역의 어린이들에게 큰 호응을 얻고 있는 상황에서 이번 행사가 처음 기획되어 시행하려고 하고 있으므로 공중의 권세 잡은 자들의 방해 심함. 이에 대한 지혜로운 대처와 모든 행사와 관련한 준비가 잘 진행될 수 있도록.
　　② 행사 기간 중의 안전 문제 책임져 주실 것.
　　③ 날씨를 주관하시는 하나님의 손길이 이번 행사의 일기를 주관해 주실 것.
　　④ 이번 행사를 통해 영광 땅의 청소년들과 지역민들에게 주는 사랑과 자원함의 기독문화가 진정 아름답게 뿌리내려 지역문화를 선도할 수 있는 계기 마련될 수 있도록.

　나. 자전거 체험 여행자 모집 협조 - 각 지교회마다 청소년 1명 이상 반드시 참여토록 협조 요망
　　- 참여 대상 : 왕복 35km 정도를 완주할 수 있을 만한 체력을 가진 청소년 200명 선착순
　　- 참여자에게는 T-Shirts와 점심, 기념품, 경품 등의 상품 제공 예정
　　- 등록
　　　Ⓐ 대추귀말자연학교 홈페이지(http://www.daechunature.com)
　　　Ⓑ <영광신문>에 비치한 신청 서류에 작성 후 등록

ⓒ 각 지역 담당 추진위원에게 서류 접수

다. 참여자 준비 사항
- 자전거와 자신의 안전을 보호할 수 있는 보호 장구는 개인이 준비
- 꼭 참여하고 싶으나 자전거가 없는 분들은 추진위원회에 개별 신청
- 자전거 대여 가능 대수 ➡ 30대 (1일 대여료 : 15,000원) 선착순

라. 대회 참가자 점심 식사 준비 협조
- 대회 참가자 예상 인원은 300명이나 학부모 등 참여자가 소폭 늘어날 가능성 있음을 양지해 주시기 바랍니다.

마. 기독인 순교 체험관을 통해 '주님을 죽기까지 사랑한 순교자들의 영적 깊이'를 체험할 수 있는 방안 강구 협조

【표 7】

제2회 전국 청소년 기독교 역사 문화 체험 대회 협조의 건

1. 영광 지역의 하나님 나라 확장에 고군분투하시는 노고에 주님의 사랑 안에서 깊은 감사를 드립니다.
2. 영광군 기독실업인회에서는 영광 지역의 아름다움과 희망을 간직하고 키우기 위해 낮은 자로 최선을 다하고 있습니다.
3. 영광은 영적 싸움이 치열한 곳입니다. 또한 동족상잔(同族相殘)의 아픔 속에 194명의 순교자가 주님의 이름을 지키고자 목숨을 바친 곳이기도 합니다.
4. 이에 저희 단체에서는 자라나는 청소년들에게 지역을 바로 알고 아픈 과거의 상처를 주 안에서 승화시킬 수 있도록 제2회 전국 청소년 기독교 역사 문화 체험 대회를 다음과 같이 시행하려 하오니 교회 공동체에서 적극 협조하여 주시기 바랍니다.

= 다 음 =

1. **행사명** : 제2회 전국 청소년 기독교 역사 문화 체험 대회
2. **일 시** : 2010년 5월 5일(수) 09:00 ~ 18:00
3. **행사 개요** : 자전거로 영광을 직접 체험하여 과거의 아픈 역사를 승화 계승하고, 영광인의 자긍심을 고취하는 여행 대회

4. 교회 협조 사항

    가. 기도 후원 : 매주 중보기도 필참

        ① 타 종교 산하 법인에서 시행 중인 어린이 대상 프로그램이 지역의 어린이들에게 큰 호응을 얻고 있는 상황에서 이번 행사가 지속됨에 따라 공중의 권세 잡은 자들의 방해 심함. 이에 대해 지혜로운 대처와 모든 행사와 관련한 준비가 잘 진행될 수 있도록.

        ② 행사 기간 중의 안전 문제 책임져 주실 것.

        ③ 날씨를 주관하시는 하나님이 이번 행사의 일기를 주관해 주실 것.

        ④ 이번 행사를 통해 영광 땅의 청소년들과 지역민들에게 주는 사랑과 자원함의 기독문화가 진정 아름답게 뿌리 내려 지역문화를 선도할 수 있는 계기 마련될 수 있도록.

    나. 대회 참가자들을 위한 물질 후원 및 순교체험관 개방 협조

        - 대회 참가자 예상 인원은 300명이나 학부모 등 참여자가 소폭 늘어날 가능성 있음을 양지해 주시기 바랍니다.

    다. 기독인 순교체험관을 통해 '주님을 죽기까지 사랑한 순교자들의 영적 깊이'를 체험할 수 있는 방안 강구 협조.

【표 8】

염산교회순교기념사업회 조직(1996. 10. 10)

고　　문 : 김태균 최복수 고태규 김세권 김연우 성호남 조일섭
　　　　　김용구 박정일 최대성 문평식 조무영 박연만 최사채
　　　　　김용시 김근배 최효진 탁연하
위원장 : 최종천
서　기 : 김상윤
회　계 : 전봉용
위　　원 : 노병오 김대귀 박정래 백남철 성강석 김경상 전수복
　　　　　양덕열 최종중 이정자 박옥순 주은숙 김연이 최연님
　　　　　노옥숙 이복희 김영신

【표 9】

영광군 기독교 순교자
기념사업추진위원회 조직(1998. 2. 16)

(1) 고　　　문 : 정규오 남정규 변남주 안종렬
(2) 대표위원장 : 김정중
(3) 공동위원장 : 배길량 박영효 김용시 임한선
(4) 서　　　기 : 장종섭
　　부 서 기 : 조일섭
(5) 회　　　계 : 한상신
　　부 회 계 : 최종천
(6) 총　　　무 : 김태균
　　부 총 무 : 최경학
(7) 실 행위원 : 전승용 김대선 손정용 이수재
(8) 추 진위원 :

　　김강헌 김길중 이용률 김용균 허임복 김민호 이갑영
　　차병용 김홍기 문규식 강만원 박연만 조강석 정종육
　　양기성 양홍엽 김동명 김덕안 안종섭 장　실 이주신
　　서생석 조효선 김영창 최사채 김세권 김용구 최복수
　　고태규 정종성 김치현 문평식 장택견 김정태 곽길동
　　정진국 나용두 이종록 이이범 김광엽 한상신 서상길
　　서진수 조풍광 전창식 이형신 최명래 박성원 송창완
　　양광렬 박복규 장기주 송덕천 김영삼 나병섭 김영춘

장맹룡 이종화 정효욱 조정관 장양수 김성오 김수모
김영표 김충석 박성은 송일용 윤삼현 곽석구 최정균
김하영 김삼태 이양근 박영창 정기섭 은태련 정정의
정남섭 김수영 김상돈 정정봉 김근배 최병원 정동현
김옥현 은성채 전광호 정희선 이재현 김광필 안평남
임한남 임건택 정병일 조정순 표봉철 조창만 김승재
김근열 정창국 신민섭 김만철 백종석 곽방현 김용채
이광호 노덕권 문　민 김정은 고주채 김용식 신태식
김정구 김기철 서경섭 조남구 김　종 김명중 윤치식
임이현 민돈원 문정수 서　영 이범욱 손재근 한진혁
이흥만 한이호 이성덕 임경택 현무회 송종태 김동권
정흥석 김광수 최종한 정남철 박동균 조창귀 김정미
(140명)

【표 10】

염산 순교체험학습관 건립 계획서

1. 취지 및 목적

　우리 고장 영광에서 수많은 여행객들이 머물면서 특산물과 자연환경과 종교문화를 체험하기 원하지만 적당한 시설이 없어서 그냥 지나갑니다. 10년 동안 이런 사실을 지켜본 지역민들이 작게나마 나름대로 봉사를 해왔으나 이제는 규모 있는 시설이 세워져서 우리 지역 발전의 동력이 되게 하자는 취지로 순교를 테마로 한 '순교체험학습관' 건립을 추진하게 되었습니다.
　염산은 한국뿐만 아니라 세계적으로도 유례를 찾아볼 수 없는 수장(水葬) 순교의 현장이 있는 곳입니다. 따라서 세계 각지의 여행객들의 관심이 고조되고 있으며 많은 버스 투어 팀이 운영되고 있습니다. 이 순교 체험학습관이 세워지면 지역 경제 발전에 유익은 물론 우리 지역 홍보 및 관광 사업에 크게 이바지하게 될 것이라 사료됩니다.

2. 건축 개요

　1) 시설 면적 및 건축비
　　(1) 연건축 면적 : 약 300평(지상 2층)
　　(2) 총 건축 공사비 : 1,700,000,000원(부지대금 제외)

2) 시설 건립 장소(부지 확보)
  염산면 봉남리 969-88번지, 주변 지역 대지 1,700여 평

3) 주요 시설
  (1) 1층
    ① 순교 자료 학습실 – 순교 자료(300여 점 확보) 보관, 관리, 전시, 열람, 학습의 공간
    ② 영상 및 세미나실 – 순교영상물(77인의 순교자 제작 완료) 영광군 홍보 비디오, CD 등의 상영, 세미나, 공연, 집회 등의 공간
    ③ 사무실 – 안내, 접수, 사무, 관리
    ④ 화장실 – 남녀 실내 화장실
  (2) 2층
    ① 다목적 활동실 – 체험 학습을 위한 소품(인민복, 한복, 공산군복, 국군복, 경찰복, 작업복, 평민복 순교자의 돌멩이, 밧줄, (창, 칼, 총 등) 보관 및 분장의 공간(개인, 단체) 실내 체험 학습 및 친교의 공간, 연습 및 오디션의 공간
    ② 순교전망대 – 칠산 바다 낙조, 일출, 일몰 감상, 뱃길, 염전, 설도항, 안강의 갈대숲, 사철의 금수강산, 설도를 중심으로 한 주변 순교지를 망원경으로 전망(수문, 제방 둑, 첨사, 안강, 옥실리, 괴머리, 한시골짜기 등의 순교 스토리가 있는 곳을 지정함), 휴게실 기능, 상설 전시 공간, 영광군 특산물 및 홍보 게시 공간

3. 주요 프로그램 운영 계획

(1) 순교자 체험 – 순교자의 새끼줄로 묶고 순교자의 길 행진
(2) 순교자 김방호 체험 – 김방호 목사의 순교 장면 연출 체험(수문)
(3) 골방 체험 학습 – 당시에 김방호 목사의 자녀들이 사용했던 골방 체험
(4) 순교자 허상 체험 – 허상 장로의 순교 장면 연출(한시골짜기)
(5) 순교자 노병재 체험 – 노씨 가족들의 순교 장면 연출(창고 앞)
(6) 수장 체험 학습 – 순교자의 돌멩이를 목에 달고 물에 뛰어들기
(7) 갈릴리 체험 학습 – 설도 앞바다 어선 체험 프로그램
(8) 베드로 체험 학습 – 어부와 함께 고기잡이 체험 프로그램
(9) 국난 극복 체험 학습 – 월암산, 불갑산, 봉덕산 등 6·25전투지
(11) 서해안 순례 체험 학습 – 기념관 → 해수욕장 → 백수해안도로
(12) 염전 체험 학습 – 염산 천일염전 체험 프로그램
(13) 농어촌 체험 학습 – 설도포구에서 새우 고르기
(14) 원자력 체험 학습 – 홍농원자력발전소 견학
(15) 전국 초중고생 대상 – 순교 체험 프로그램 백일장 행사 등
(16) 전국 청소년 대학생 대상 – 순교 컨퍼런스
(17) 해변음악회 찬양콘서트 – 지역 젓갈축제와 연계 사업
(18) 지역민을 위한 유명인사 초청 문화 행사 프로그램

※ 첨 부

염산 설도 부근은 상기 프로그램을 독창적으로 할 수 있는 자연적, 종교적 천혜의 환경 조건을 갖추고 있습니다. 현재 상기 체험 프로그램을 ① 1박 2일 코스 ② 2박 3일 코스 ③ 3박 4일 코스 ④ 4박 5일 코스 등 부분적으로 시도를 해본 결과 금년 8월말 현재 15,864명이 다녀갔습 니다.

(참조) 1월 : 1,326명 2월 : 1,128명 3월 : 1,295명 4월 : 1,772명
5월 : 1,826명 6월 : 1,615명 7월 : 3,375명 8월 : 3,527명

4. 앞으로의 전망

21세기의 시대적 요청은 체험 학습 방법입니다.

따라서 우리 지역의 종교문화 특성을 살린 순교체험학습관을 세우면 앞으로 독창적인 세계적 명소로 자리매김을 하게 될 것으로 전망됩니다. 현재도 순교 탐방객들의 방문이 계속 증가하고 있으며 역사가, 교육가, 종교가들이 매우 긍정적으로 전망을 하고 있습니다.

【표 11】

염산 기독교순교체험관 건립 공사 개요

공 사 명 : 염산 기독교순교체험관 건립 공사
공 사 위 치 : 전남 영광군 염산면 봉남리 696-88의 3필지
공 사 기 간 : 2007년 12월 20일~2009년 12월 31일
공 사 개 요 : 건축면적 577.90㎡, 연면적 : 984.93㎡
층   수 : 지상 2층, 주차대수 : 8대
조 경 면 적 : 해당 없음
정 화 조 : 오수정화조(20톤)
발 주 처 : 영광군 문화관광과
시 공 사 : (유)동신종합건설(☎ 160) 284-0048)
현장대리인 : 김근수(☎ 011-624-5896)

■ 주요 시설 기능 및 역할 설명

1. 지하
   (1) 기계실
   (2) 소방기계실

2. 1층
   (1) 사무실 : 안내 접수 관리 및 운영 통제의 중심
   (2) 식   당 : 휴게 공간, 소강당 기능. 북카페, 영광지역 홍보기능

(3) 숙   소 : 남, 여 20인용 3개
  (4) 회의   실 : 소그룹 및 지도자 모임, 상담 및 영접실
  (5) 관리창고 : 전시 및 체험을 위한 작업 및 보관 관리 공간
  (6) 장애인용 엘리베이터 : 인용

3. 2층

  (1) 영상 체험실 : 최소한 약 200명 수용 공간 필요, 방송실(조명 및 방송 영상 기계 조작 운영 관리) 영상물 상영(빔 프로젝터, 기록물 애니메이션 영화), 순교 학술강연 세미나, 순교 연극 뮤지컬 공연, 집회 순교 컨퍼런스, 순교 청소년 및 대학생 수련회, 순교 사진 그림 전시 및 홍보물 게시, 기획 전시회 가이드 설명 및 교육의 공간.
  (2) 유물 체험실 : 유물, 유품, 소품의 전시 및 보관, 대여, 관리, 체험.
  (3) 자료 학습실 : 순교자료 전시 및 관련 도서 비치, 학습 탐구 연구
  (4) 전망데크 : 설도 앞 순교기념탑 및 순교의 현장, 순교자의 길. 격전지(돌팍재, 월암산, 옥실리, 괴머리 등의 스토리) 수문광장, 수변도로 및 체육공원, 서해 칠산 바다 염전 등 주변 순교 관련한 주변 현장 설명, 전망

【표 12】

한국 기독교 성지순례 상품 안내

1. 상품명 : 전라남도 기독교 성지순례 기차여행

1) 주관

전라남도 한국철도공사 신안군 영광군 함평군 한국관광공사

2) 주최

코레일광주지사, 모티브여행사

3) 코스

① 1박2일 코스

서울 용산역을 출발하여 송정리역에 하차하여 신안 증도 → 함평 엑스포공원 → 염산교회 → 송정리역 → 서울 용산역

② 당일 코스

서울 용산역을 출발하여 송정리역에 하차하여 법성포에서 점심 식사 후 → 염산교회 → 송정리역 → 서울 용산역

2. 상품명 : 한국 기독교 최대 순교성지 탐방

1) 주관

한국관광광공사 한국기독교총연합회 ㈜진흥문화사

2) 주최

한국기독교성지순례선교회. 홀리원 투어(박경진 장로)

3) 코스

서울 → 한국기독교순교자기념관 → 소래교회 → 중식 → 제암리교회 → 해미 생매장 순교지 → 숙박 → 아펜젤러기념관 → 조식 → 김제 금산교회 → 정읍 두암교회 → 중식 → 영광 염산교회 → 야월교회 → 석식 → 숙박 → 지리산관광호텔 → 조식 → 지리산 노고단 선교 유적지 → 여수 애양원 → 서울

4) 기타

인솔자 차량 식사(7식) 여행자보험 포함합니다.

가격 : 150,000원(20명 기준)

3. 상품명 : 한국교회 순교현장 순례

1) 주관

한국교회순교자기념사업회(이응삼 목사)

2) 후원

한국관광공사

3) 코스

양화진 선교사 묘지, 기독교선교기념관 → 절두산 성지 → 발안 제암리 → 해미 생매장 순교지 → 부여 부소산성 → 유성온천 → 김제 금산교회 → 영광 염산교회, 야월교회 → 여수 애양원(손양원 목사 순교기념관) → 여수 오동도 → 남원 광한루 → 병천 매봉교회(유관순 생가) → 용인 소래교회 → 용인 순교자기념관

【표 13】

순교 체험 프로그램

(1) 새끼줄 순교 체험 : 순교새끼줄로 묶고 순교자의 길을 도보로 행진
(2) 돌멩이 순교 체험 : 순교돌 목에 걸고 교회에서 수문까지 왕복
(3) 김방호 순교 체험 : 김방호 목사의 순교 장면 연출 체험(수문)
(4) 골방 순교 체험 : 김용시 장로 댁 골방에 숨어보기(신옥)
(5) 허상 순교 체험 : 허상 장로의 순교 장면 연출(한시골짜기)
(6) 노병재 순교 체험 : 노씨 가족들의 순교 장면 연출(창고감옥)
(7) 기삼도 순교 체험 : 강대상을 등에 지고 수문 갔다 오기
(8) 장병태 순교 체험 : 무조건 누구에게나 '주여, 감사합니다' 인사하기
(9) 분주소 감옥 체험 : 분주소 감옥에 들어가 하루 종일 성경 읽고 기도
(10) 옛 교회생활 체험 : 마룻바닥에서 무릎 꿇고 예배드리던 모습 재현
(11) 성경구락부 체험 : 성경구락부를 숙소 사용함으로 체험
(12) 수장 체험 : 순교의 돌멩이를 목에 달고 수문 앞바다 물에 뛰어들기
(13) 갈릴리 체험 : 설도 앞바다 어선 체험 프로그램
(14) 베드로 체험 : 어부와 함께 고기잡이 체험 프로그램(어선 동승)

(15) 국난 극복 격전지 체험 : 월암산, 불갑산, 봉덕산 등 6·25전투 격전지

(16) 해변 음이온 건강 체험 : 설도 앞바다 둑방길 프로그램

(17) 서해안 순례 체험 : 기념관-해수욕장 → 백수해안도로 - 원전

(18) 염전 갯벌 체험 : 염산 천일염전 체험 프로그램

(19) 농어촌 체험 학습 : 농사 어구손질 등 농어촌 생활 체험 프로그램

(20) 어촌 물고기 선별 체험 : 설도 포구에서 새우 고르기

(21) 전국 초중고생 대상 : 순교 수련회, 순교 심령부흥회

(22) 전국 청소년, 대학생 대상 : 순교 컨퍼런스

(23) 해변 음악회 : 지역 젓갈축제와 연계 사업

(24) 비교종교 체험 캠프 : 원불교, 불교 도래지 탐방

/ 참고문헌 /

1. 국내서적

고무송. 《나의 달려갈 길을 마치고》. 쿰란출판사. 2007.
김경학, 박정석, 염미경, 윤정란, 표인주.
    《전쟁과 기억》. 한울 아카데미. 2005.
김수진, 한인수. 《한국기독교교회사 호남편》. 총회출판사. 1979.
김수진. 《호남선교 100년과 그 사역자들》. 도서출판 고려글방. 1992.
김수진. 《6·25전란의 순교자들》. 대한기독교출판사. 1981.
김춘배. 《순교 사화집》. 성문학사. 1957.
박귀용. 《믿음으로 떠나는 여행》. 누가의 길. 2004.
박은배. 《하나님의 거처》. 새로운 사람들. 2009.
송기호. 《순교자》. 정오출판사. 1995.
신영걸. 《붉은 조수》. 보육사. 1966.
신영걸. 《야월도의 순교자》. 보이스사. 1999.
안영로. 《메마른 땅에 단비가 되어》. 쿰란출판사. 1994.
안영로. 《전라도가 고향이지요》. 쿰란출판사. 1998.
야월교회. 《야월교회 순교자》. 복음문화사. 1998.
이광일. 《손양원 목사의 생애와 사상》. 글로리아. 1995.
이형근. 《한국교회 순교자》. 세신문화사. 1992.
전정희. 《아름다운 전원교회》. 엔크리스트. 2005.
주종태. 《한국교회 인물사》. 우일문화사. 1984.
진수철. 《순교열전》. 도서출판 양문. 1994.
진수철. 《한국기독교 성지순례》. 한국순교기념사업회. 2000.

한경직. 《한국기독교순교자기념관》. 100주년기념사업회. 1996.
한영제. 《복음선교 120년 신앙위인 120명 인물로 보는 한국 교회사》. 한국기독교역사박물관. 2006.

2. 논문

임정섭. "순교담론의 형성과 재현의 정치". 전남대학교 대학원. 2010.
조유택. "순교로서의 목회". 아세아연합신학대학원 풀러신학교 공동학위과정. 1987.
홍성문. "100주년을 맞은 중화동교회가 백령도 및 주변 도서 복음화에에 끼친 영향에 대한 연구". 개혁신학연구원. 낙스신학교 공동학위과정. 1997.

3. 정기간행물

김광연. <염산 설도항 80년사>. 영광군 염산면. 2007.
김삼환. <순교보>. 총회 순교자기념선교회. 2007.
김성동. <월간조선 4월호>. 월간조선사. 2002.
김양선. <한국기독교 해방 10년사>. 총회 종교교육부. 1956.
박경진. <국내외 성지순례>. 도서출판 진흥. 2004.
영광군. <영광군지>. 영성문화사. 1998.
한인수. <호남교회춘추>. 호남교회 춘추사. 2001.

4. 사전 및 연혁

나주 영산포교회. "영산포교회 연혁". 2009.
나주 상촌교회. "나주 상촌교회 연혁". 2009.

신안 비금 덕산교회. "비금덕산교회 연혁". 2009.
영광대교회. 《은혜의 강물》. 가리온 해피데이. 2009.
영광읍교회. 《영광읍교회 90년사》. 반석디자인. 1995.
염산교회. "염산교회 연혁". 염산교회사. 1997.
염산대교회. "염산대교회 연혁". 2009.
염산동부교회. "염산동부교회 연혁". 2009.
염산서광교회. "염산서광교회 연혁". 2009.
염산야월교회. "염산야월교회 연혁". 1998.
염산제일교회. "염산제일교회 연혁". 2002.
염산중앙교회. "염산중앙교회 연혁". 2010.
한영제. "기독교대백과사전". 기독교문사. 1989.

5. 보고서

공보처 통계국. 《대한민국통계연감》. 통계국. 1952. 10. 발간
김소영. 《대한예수교장로회 총회록 1-7권》. 총회출판사. 1980.
김정중. 《한국전쟁과 영광지방 순교자 현황》. 영광군순교기념사업위원회. 1997.
박석호. 《3대 종교(기독교, 원불교, 불교) 성지를 연계한 관광벨트화 방안》. 영광군, 2003.
황기식. 《제1회 한국교회사 특강과 국내 성지순례》. 충청교회사연구소. 2009.
2007순교 학술 세미나. "누가 순교자인가?". 한국교회순교자기념사업회. 2007.
6·25전쟁납북인사가족협의회. "6·25사변 피살자 명부". 정

부기록보존소 국립중앙도서관. 1952. 3. 31. 작성.

6. 기타

CTS 기독교 TV. "특집 / 한국의 성지순례 별별 이야기". 한국전파진흥원. 2008.

CTS 기독교 TV. "복음동네 이야기 / 순교의 피. 생명의 젖줄 되어". CTS목포, 2008.

▣ 증언 진술자들

안종열 목사 : 광주광역시 남구 백운2동 619-7. 1999. 5. 28. 증언
노병오 집사 : 전남 영광군 염산면 봉남리 설도. 1999. 5. 28. 증언
조애순 권사 : 전남 영광군 염산면 봉남리 설도. 1999. 5. 28. 증언
박귀덕 권사 : 전남 영광군 염산면 봉남리 설도. 1999. 5. 28. 증언
김용시 장로 : 전남 영광군 염산면 봉남리 신옥. 1999. 5. 28. 증언
김금배 장로 : 전남 영광군 염산면 봉남리 신옥. 1999. 5. 28. 증언
임삼순 권사 : 전남 영광군 염산면 봉남리 설도. 1999. 5. 28. 증언
최종백 증인 : 전남 영광군 염산면 봉남리 설도. 2003. 3. 3. 증언
황경연 증인 : 전남 영광군 염산면 봉남리 설도. 1999. 5. 28. 증언
김금자 집사 : 전남 영광군 염산면 봉남리 설도. 1999. 5. 28. 증언
노병부 집사 : 전남 무안군 일로읍 일로제일교회 2003. 3. 3. 증언
황영님 집사 : 전남 무안군 일로읍 일로제일교회 2003. 3. 3. 증언
안영로 목사 : 광주광역시 남구 주원1동 호반베르디움 104동 1303호
조운해 목사 : 전남 영광군 염산면 봉남리 설도

최병용 목사 : 서울특별시 강북구 번2동 주공아파트 401동 1004호
조석규 목사 : 광주광역시 동구 소태동 669 광주지원교회
탁연택 장로 : 경기도 파주시 교화읍 목동리 101 현대2차 210동 1804호
탁연하 회장 : 서울특별시 서초구 양재동 88-6 우진빌라 B-1
김병균 목사 : 전북 익산시 춘포면 천둥리 623
박중화 장로 : 전북 익산시 마동 129-2 익산신광교회
최효진 집사 : 전남 영광군 염산면 봉남리 동촌
안희주 면장 : 전남 영광군 염산면 봉남리 동촌
박요한 목사 : 서울특별시 노원구 상계9동 보람아파트 109-105

[판권
  소유]

우리는 천국 간다

2012년 6월 5일 인쇄
2012년 6월 9일 발행

지은이 | 김태균
발행인 | 이형규
발행처 | 쿰란출판사

주소 | 서울특별시 종로구 이화동 184-3
TEL | 02-745-1007, 745-1301~2, 747-1212, 743-1300
영업부 | 02-747-1004, FAX / 02-745-8490
본사평생전화번호 | 0502-756-1004
홈페이지 | http://www.qumran.co.kr
E-mail | qumran@hitel.net
            qumran@paran.com
한글인터넷주소 | 쿰란, 쿰란출판사

등록 | 제1-670호.(1988.2.27)

책임교열 | 송은주

값 10,000원

ISBN 978-89-6562-308-3 03230

* 이 출판물은 저작권법에 의해 보호를 받는 저작물이므로 무단 복제할 수 없습니다.
  잘못된 책은 교환해 드립니다.